難病治療
スピリチュアルパワーの奇跡

難病・奇病の原因は「邪気」だった！

私は東京都大田区で、気功教室・治療院を開いています。

最初に申しておきますが、私の「気功」は世間一般で認知されている気功（内気功と言います）とはまったく違うものです。

私の気功は、他に類を見ないまったくのオリジナルであり、しかも患者さんの身体に付いた「邪気」を完全に抜いてから癒していくのです。治療の痛みがなく、薬も使わないのが特徴です。

富士山の神々のスピリチュアルパワーを採り入れた気功で、心と身体の健康を取り戻していただきたいと思います。

◆

世の中には、まったくムダと思われる治療を受けて病状が改善せずに苦しんでいる方々や、チャンスさえあれば改善・完治するような方々が命を落とされているケースを多々見受けます。そこで私はそういった方々のために、このたび本書を執筆・出版する決心をしました。

ひとくちに病気と言っても、西洋医学をもってしても治るものと治らないものとがあります。西洋医学の場合、いわゆる対症療法が基本であり、とにかく病気や症状を緩和し、ともかく完治を目指すというのが基本的なスタンスなのです。

その一方で、西洋医学ではどうしても完治しない病気があります。いわゆる難病・奇病・不治の病と呼ばれる類いの病気です。しかしそれら西洋医学がお手上げという病気は、先にお話した「邪気」が影響しているものが大半です。

とはいえ、単に気功で邪気を浄化するだけで、万病が完治するというわけではありません。中には外科的治療や投薬、リハビリテーションなどを必要とする病気、その他、外傷、骨折など、気功だけでは治らないものもあります。

ですから、たとえばガン治療で投薬を受けている方であれば、症状に関わる邪気の影響を判断してそれらを完全に抜いて治療を行うと同時に、投薬の種類・内容も確認し、最善の治療を行っているのです。

◆

私たちは普段何気なく、

「天気」

「元気」

「強気」

「弱気」

「病気」

「短気」

「運気」

など、「気」と言う言葉を使っています。


これは日常的に、人間関係の中で「目には見えない気」のやりとりを行っているということです。中でも、とくに「病気」「邪気」といったものが問題です。

私たちが関わっているすべての人が、常日頃から健康で安らかな心の状態を保っているわけではありません。ですから私たちは、体調を崩していたり心が乱れている人々と接すると、それらの人の影響を受けて、いつの間にか「病気」や「邪気」を貰ってしまうことが多いのです。

これはとくに、たくさんの人と関わる職業や活動、あるいは企業経営者、整体師、セラピスト、病院や社会福祉関係関連の方々に顕著に現れます。実際、私の治療院を訪れる患者さんの多くがそういう職業に従事している方々です。

反対に、お子さんの患者さんは案外少ないものです。子どもの社会は大人のそれと比べて基本的に心がピュアですから、大人ほど邪気がつきまといませんし、そもそも子どもは大人のようなストレスの多い社会との関わりが少ないので、大人と比べると心身のコンディションが健全です。だから邪気が取り憑きにくいのです。

例外的には、生まれつき霊感が強く邪気に敏感だったり、あるいは前世の因果を引き継いでしまうといったケースがあります。これは本編で実例とともに紹介・解説していこうと思います。

さて、近年「ストレス」という言葉を多く見聞きしますが、簡単に言うと、これが「邪気」の実態です。

ストレスが溜まるとイライラしたり、それが積み重なると病気に陥ってしまうのは、みなさんもご存知だと思います。

つまり邪気が邪気を呼んで、ついには病気・難病に至ってしまうということであり、言い換えれば「邪気は万病の元」だということです。

ストレスは人間の心からできる病気です。他人から悪口を言われたりなじられたりすると、それが原因で心に傷ができます。そしてその傷の中から生まれる心の病気が、一般にストレスと呼ばれる症状なのです。しかも悪いことに、このストレスは、個人が他人に抱く憎しみ・憎悪・恨みなどから生じるのです。

私はそういった人間の心の闇の部分を癒し、解消するために、今生界に生まれ変わってきました。

人間なら誰しも抱きやすい心の闇を作らないために、ストレスを生じさせないようにする必要があります。

私は治療を通じて、究極的には心と魂の浄化をすべく、日々精進・修行を積みながら治療に対して命がけで、そして全力で取り組んでいます。

どうかこの趣旨を理解いただきたいと思います。

◆

この恐るべき邪気の正体は、「人の思い（生霊）」「念」「未浄化の霊魂」などさまざまです。

具合的には、職業上さまざまな人と接する機会があるとか、誰かに恨まれているとか、ご先祖様が浮かばれていないなどなど、個人によってさまざまなケースがあります。ですから私は、治療に際してそれらを判別し、それぞれの患者さんに最適な「浄化」と「治療」を行います。

これらの詳細や治療例などは、各章で順々に紹介・解説していきます。

私の治療を契機に、あなたの人生がより良いものになることを願っています。

二〇一〇年　七月吉日

難病治療　スピリチュアルパワーの奇跡・目次

プロローグ

第1章　難病を完治させるスピリチュアルパワー！

第3章　体の歪みは邪気が原因だった！

第4章　より良い生き方を知るために

第5章　ここが知りたい！　大山気功Q＆A

第1章

難病を完治させるスピリチュアルパワー

私の治療は、富士山のスピリチュアルパワーを採り入れた、まったくオリジナルなものです。

この章では、具体的な治療例をご紹介していきましょう。

飼い主が心を痛めた行方不明の愛犬の真意は？

先日、愛犬が行方不明になったことが原因で心労が重なり、心の傷を癒して欲しいという患者さんがいらっしゃいました。そしてご自分の治療と同時に、いま愛犬がどこでどうしているのかも調べて欲しいとのご要望でした。

レンタルしたＤＶＤをお店に返却しているわずか２〜３分の間に、誰かに連れ去られたということでした。

そこで早速、その犬（シーズー犬）の魂を呼び出したところ、元気で生きていることがわかりました。ところが驚くべきことに、その犬は、

「行方を探さず、どうかこのままそっとしておいてください」

と私に懇願するではありませんか。

その理由を尋ねると、こう答えました。

「私の飼い主は、私を飼うためにいろいろと苦労した挙げ句、借金だらけになってしまいました。ですからこれ以上迷惑をかけるわけにはいきません。ですから神様にお願いして新しい飼い主を捜していただき、これ以上の経済的な負担をなくしてあげたいのです」

この犬はもともと、最初からこの患者さんが飼っていたのではなく、患者さんの友人の賃貸マンションで飼われていた4匹の室内犬のうちの1匹でした。

ところが最初の飼い主が破産して夜逃げしてしまい、なんと2週間の間飲まず食わずで置き去りにされて生き残った1匹だったのです。3匹が餓死して目も当てられないほどの凄惨な光景を偶然目にし、生き残った1匹を引き取ったのが、この患者さんだったのでした。

患者さんは美容師の女性で、美容師になったばかりだったのでまだお給料が少なく、自分が食べるだけで精一杯。とても犬など飼う余裕はありません。そんな状況ながらも2年が過ぎ、彼女の心の支えになっていましたが、同時に深刻な生活苦に見舞われていったのです。

ペットＯＫというマンションは家賃が高く、餌代やトリミング代もかかります。そういう状況を知っていたその犬は、ここまで育てていただいたけれど、これ以上迷惑はかけられないと思い、神様にお願いして自ら別の飼い主を捜したのです。なんとけなげな犬なのでしょう。

「ここまで育てていただき、ありがとうございました。本当に感謝しています。私はいま、子どものいないご夫婦に飼われ、大切にしていただいています。さようなら」

このお別れの言葉を患者さんに伝えたところ、その場で泣き崩れ号泣しました。計らずも、私も思わずもらい泣きしてしまいました。

◆

ちょっと信じがたい話かもしれませんが、これは実話であり、犬でもそんな心を持っているのです。

こういったことからも、私たちは心と身体を、いつも健全に、清らかに保っていなければなりません。

子宮筋腫を跡形もなく消すことができる！

私の患者さんでもっとも多いのは、やはり子宮筋腫と不妊症でしょう。

子宮筋腫や子宮ガンの根本治療は、筋腫核の除去と言われています。その極端な例が「全摘手術」です。そうなると当然、妊娠することはできなくなります。

私の治療は、執刀や投薬といった手法を用いることなく、筋腫核そのものを消滅させることにあります。

具体的には、治療によって筋腫核を焼き切って消滅させ、その傷跡を修復し、邪気によって汚れてしまった血液を清浄な状態に回復させるという、根気と時間のいる治療法なのです。

たとえば、子宮筋腫を患ったものの西洋医学の手術や治療を嫌い、あちこちの気功や整体の治療を受けた結果、直径20センチもの筋腫にまで進行してしまったという患者さんがいらっしゃいました。

何しろ20センチの筋腫ですから、下腹部はパンパンに膨らみ、手で触るとコチンコチンに固まった状態です。

そこでまず患者さんに取り憑いている邪気を払い、今後再び邪気が取り憑かないよう結界を引いたうえで、治療に入りました。

邪気の取り憑き方をわかりやすくいうと、体のさまざまな部位に噛みつくようなイメージです。ですからこの患者さんの場合、邪気が子宮に噛みついたと考えていただいていいでしょう。

邪気の噛みつく力によって、その症状も変わってきます。噛みつきが浅ければ筋腫で済みますし、深ければガンになって、さらに身体のあらゆる部位や臓器に転移してしまうのです。

また取り憑いた邪気を除霊しても、厄介なことに邪気は噛みついた跡に「トゲ」を残しますし、トゲを取り除いても、トゲの跡（穴ぼこ）が残ってしまいます。

トゲの跡が残っていると、今度は別の邪気がそこを狙って噛みつき、再び取り憑いて症状がぶり返すということになります。

ですから、その邪気が噛みついて残したトゲの跡の修復治療と邪気が残した血液の汚れの清浄化が必要になってくるのです。

除霊後の秋風治療は、基本的に10回・ワンクール。完治の目安は15～20回といったところでしょう。

もちろん個人差や症状の深さや治療箇所の数、あるいは邪気以外の生霊や前世から引き継いでしまった因果など、さまざまなケースがあります。ですからこれは、治療が１箇所であって（転移などがない）、末期症状といった深刻な症状ではないという体のコンディションでの治療という仮定です。

私の治療は、いわゆるパワーストーンも用います。

これは富士大龍神様から、

「この石は薬師瑠璃光如来のパワーが宿っているから治療に使いなさい」

と教えていただいたもので、富士山麓を流れる清流で永年清められ、パワーを宿した石です。

そういったアドバイスをいただいているうちに、私の治療院にはたくさんのパ

ワーストーンが集まりました。実際、私の治療院には座布団の上にパワーストーンが並べてあり、それを見た患者さんの中には、
「先生は石集めが趣味なのですか?」
などと見当違い(?)な質問をする方さえいらっしゃるほどです。

長年清流の中にあった川石というものは当然ながら浄化されていますし、神様のパワーも宿るのです。まして富士大龍神様ご指定の石とあれば、まさにお墨付き。絶対的な効力を保証されていることになります。

これらの石は、お酒と粗塩を調合した「治療薬」に漬けておくと、さらに霊力が宿るようになります。それを患部に当ててパワーを送り込むことによって、治療になります。

たとえば、その治療によって1回でガンが2ミリ縮まった症例があります。あるいは患部の「トゲ」の位置を特定する力のある石もあります。そういった石の霊力の種類を使い分けて、治療に役立てているのです、

◆

このように私の治療は、私ひとりの力ではなく、神々のご助力によって成り立っているものです。ですからこの治療を受けるに当たっては、神様に対する畏敬の念と感謝の心を持たなければなりません。

また、神様は疑いの心などお見通しになりますから、最初から、

「この人は治療しなくていい」

とか、

「この人はすぐに来院しなくなる」

と教えてくださいます。

人は自分の力だけで生きているのではありませんし、そんな心の移ろいやいままでの生きざまを、神様はお見通しなのだということを肝に命じてください。

うつ病の原因は邪気による霊障害

以前、原因不明のうつ病に苦しむ患者さんの治療を行いました。バリバリの営業マンだった40代の男性です。

これと言った原因もないのに、突然うつ病を患い、7年間もの間自宅に引きこもり、果ては自殺防止のために24時間体制の看護のついた病院に入院していたのだそうです。

患者さんは、

「俺がこんなことになるはずがない。家庭もあることだし、こうなったら治療を受けるほか手段はないだろう」

と、思いあまって心療内科の門を叩き、カウンセリングを受けながら精神安定剤や抗うつ剤、睡眠導入剤などを服用するという治療を何年も続けたものの、一向に回復の兆しがありませんでした。

効うつ剤を服用すると、ちょうどお酒を飲んで気分が良くなったような感じになってふさぎ込んだ気分を忘れることができるのですが、いったん薬の効用が切れると、とたんに精神状態が不安定になって、人と話をするのが怖くなり、いわれのない不安感や焦燥感に襲われてしまいます。それが一番恐ろしいところです。また、だんだん薬効に対する耐性ができてしまうので、服用期間が長引くほど強い薬を処方されるようになります。ですからなるべく服用を制限したいと思うけれど、制限すると振り出しに戻って最悪の精神状態になってしまうのです。

薬が切れたときや制限したときのご自分の精神状態の変化は嫌というほどわかっていたので、そのギャップが怖くてますますふさぎ込んでしまうようになったといいます。奥様はもちろん、多感な時期の中学生のお子さんがいらっしゃるので、その悩みはなおのこと深刻でした。

患者さんからそのようなお話を聞いていて、

「この方は、必ず治る！」

と私は確信しました。

なぜならうつ病は効うつ剤では治らないということを体験的に確信し、ここ2年ほど自主的に服用を制限していたからでした。

いまでこそ、うつ病は社会的に認知されるようになり、その精神状態は、

「自分が生きていても何の価値もない」

「死んでしまいたい」

と思うようになること、また肉体的には、

「食欲がなく、眠れない」

あるいは、

「異常な食欲があり、寝てばかりいる」

といった特徴があることがわかってきました。

また大企業などでは、いわゆる「メンタルヘルス」のカウンセリングなどを行うようになりました。とはいえ、まだまだ根本的な治療が確立されたわけではありません。

つまり、うつ病の原因は未だに「仮説」でしかなく、従って決定的な治療方法がないのが実情です。

私は、その方のS字型に変形した背骨の歪みに注目しました。そして診断の結果、生霊を含む12体の邪気に取り憑かれていることがわかったので、まずはその邪気を取り除きました。

そして治療を繰り返すことによって、邪気が残した「トゲ」を抜き取り、抜き取った跡を修復するとともに、心のケアを行って、この方の生きる道筋を立てて差し上げたのです。

私がこのような治療をしているのは、たとえ１％でも治る見込みがあるのなら、文字通り命がけで治療を行っているからです、

◆

最も印象的だったのは、私が除霊したときのひとことでした。ハッと夢から覚めたように顔に生気が戻り、

「先生、僕はこの7年間、いったい何をしていたのでしょう?」

とおっしゃったのでした。

この患者さんは、私の治療の末に本来の自分を取り戻すことができました。も

ちろん社会復帰も順調で、本来の明るい自分と和やかなご家庭を取り戻すことができました。

もともと大好きだったバイクに乗りたいという意欲も湧いてきて、やる気満々になりました。しかし、このバイクに関してはその後、考えを改めることになります。

それについては、のちに後日談をお話しましょう。

四種類の難病を改善中

現在治療中の40代前半の女性です。

直径10センチぐらいの骨盤内腫瘍・脳下垂体腺腫・首から左肩にかけてのこわばり・首から上と両腕から両手にかけてのアトピーに悩んでいらっしゃいました。

骨盤内腺腫は良性か悪性かわかりませんし、腺腫の位置も卵巣か子宮かＭＲＩでも特定できないということで、まず手術でお腹を開いてみなければならないという診断でした。ただ、かなりの大きさで下腹部はパンパンに張っていました。
脳下垂体腺腫というのは外科手術が一般的で、わかりやすく言うと顔の表面を剥いで手術を行う大がかりなものです。かと言ってそのまま放置していると、将来的には失明の恐れや各種ホルモンの分泌に支障が出るという、実に厄介な病気なのです。

首から左肩にかけてのこわばりは、ご本人曰く、

「まるで太い棒が入っているような感じ」

であり、おそらくその原因は、

「昨年歩道を歩いていたときに猛スピードで走ってきた自転車にはね飛ばされたのが原因ではないか」

というお話でした。

首から顔面・両腕から両手にかけてのアトピーもかなりひどく、皮膚はゴワゴワになっていました。ご本人の話では、首から左肩にかけてのこわばりとアトピーの影響で、微熱と頭痛にも悩まされているということでした。

この患者さんはすでに骨盤内腺腫の手術を受けることを決心していたので、私

は短期集中で、できるだけそれらの症状を改善させることにしました。

集中的に2か月かけて治療しており、日中は私の治療院で治療を施し、夕食時と就寝時は神様にお願いして遠隔治療を行っています。

現在、遠隔治療と合わせて30数回の治療を行っていますが、集中治療を行っただけのことはあり、パンパンだった下腹部は小さくなり、アトピーもかなり改善しました。

身体の痛みがなくなったので、丸く縮まっていた背中も伸びて姿勢が良くなりました。これには職場の方やお友だちもビックリしているということです。

この患者さんのお仕事は、大手出版社のベテラン編集ライターで、キャリアは20年以上です。

主に、雑誌に掲載される著名人のインタビューを行っていらっしゃいます。真剣にいろいろな方からお話を聞いているうちに、お相手の持っている邪気もおみやげのようにたくさん貰ってしまったのです。さまざまな方々と接する機会が多いので、いわば職業病のようなものでしょう。

11体の邪気をお持ちでしたので、まずはその邪気を取り去り、浄化して完全結界を打ち、集中的な治療を行ったわけです。

　邪気の恐ろしいところは、患者さん本人を病いや厄災に陥れるばかりか、ときにはその方にとって大切でかけがえのない人に取り憑いて厄災を背負わせ、ときにはその生命を失わせたりすることがあります。ですから、自分の心身の健康ばかりでなく、周囲の状況にも油断は禁物です。

　たとえば社会的な地位があるとされる方でも、ときに地元のスーパーなどでつまらない万引きをして捕まったりすることがあります。そのときの供述は、判で押したように、

「つい、魔がさしてしまった」

と発言するものです。確かに、供述通り「魔」が「さした」のでしょう。

　邪気は、いつどこで人間の心の隙を突いてくるかわかりません。本当に油断ならない、厄介な存在なのです。

◆

　さて、その後、この患者さんは骨盤内腫瘍（開腹したところ左側の卵巣腫瘍だ

ということがわかりました）の手術を受けましたが、私の治療によって筋腫そのものはかなり小さくすることができたので、その後病院で受けた手術や治癒もスムーズでした。

最終的には左側の卵巣腫瘍を摘出しましたが、直径約10センチ・重さ約1キロありました。

摘出した筋腫はチョコレート色をしており、患者さん曰く、

「摘出された腫瘍は、映画のエイリアンの顔にそっくりでした」

ということでした。

それでも術後の経過は病院でも驚くほど順調で、2週間後には無事退院されました。

これは神様のお力によって、最小限のリスクに抑えることができたということです。患者さん自身もそれを実感しており、退院前に喜びとともに神様と私に感謝するとの携帯メールが届きました。

◆

私は一般の気功治療師のように「気功だけで万病が完治する」という考えではありません。神様の領域と人の領域の共存、つまりスピリチュアルパワーと現代医療を上手に組み合わせることで、万病に対処していくことが理想だと考えています。

筋腫やガンが消滅するワケは…

私のところに見える患者さんの多くは、子宮筋腫と不妊症の悩みを抱えていらっしゃる方々です。

子宮筋腫は患部に「筋腫核」といういわば根っこのようなものを張ります。その核の部分を取り除くためには、全摘手術になってしまいます。当然、そうなると妊娠することはできなくなります。

ですから今後お子さんが欲しいと希望される場合は、その根っこの部分を残さなければなりません。

理屈のうえではそうなのですが、通常の外科手術では筋腫核だけを切除することはできません。ところが私の治療を受けていれば、筋腫核は跡形もなく消滅してしまうのです。

古来「神業」という言葉がありますが、神様のスピリチュアルパワーをお借りしたこの治療は、文字通り神業に値します。もちろん私の能力ではなく、神々のパワーを私が束ねて治療に応用しているということです。

もちろんその前に邪気を払い、今後邪気が取り憑かないよう完全結界を敷いたうえで、患部の治療と邪気のトゲを抜き、その傷跡を修復していきます。

筋腫やガンの治療には、富士山で採取した石が決め手となります。先にもお話しましたが、いわゆるパワーストーンです。これで筋腫やガンを縮めていきます。

また「神鏡（しんきょう）」と呼ばれる、直径4~5センチの平らな石を使って、患者さんに刺さっているトゲの位置を特定します。

このような治療は、私以外誰も行っていません。なぜなら私は、神様から直接教えをいただいている（これを「神言（しんげん）」と言います）からです。

これは書物にはなっていませんし、第一、富士大龍神様が人間にご自分の力をお貸しになるということなどありませんから。

では、なぜ私に力をお貸しになるのかというと、私自身が富士山と深い関わりがあるということが、だんだんわかってきました。

富士山の石を取りに行ったときのことです。富士スバルラインを走りながら霊峰富士を遠望したとき、なぜか涙が止まらなかったのです。そのとき私は、

「自分の故郷は富士山だったんだ」

ということに気づいたのです。

それと同時に、富士大龍神様の御心のままに行動しなければ、お力を貸していただけないということも悟りました。

神様と自由にコンタクトを取れるようになってわかったことですが、私の守護神は富士大龍神様であり、私自身に宿ってくださっているのです。

さらに、私の前世は、このような治療を行いたいと誓願を立てており、今生界で私に生まれ変わったのだということも知りました。そういう今生界での生き方を知ったからこそ、１年３６５日、かつての自分に憑いた厄を払うという大変な

修行を行ってきたのです。

修行には丸々7年かかりましたが、だんだん「気づき」の点と点が繋がっていき、ようやく腑に落ちるようになりました。もちろん、治療のパワーもメキメキ上がりましたし、人間的な器もだんだん大きくなってきたという実感も湧くようになりました。

◆

そうなると面白いもので、我欲がなくなってきます。そのぶん、

「難病に苦しむ人を救いたい」

「末期ガンと診断されて見放されてしまった人の健康を取り戻させて上げたい」

などという、建設的・発展的な欲望（？）に変わってしまいました。

私生活でも高価なものを買いたいといった物欲など消え失せ、人を救うことで魂の満足を得たいというようになっていきました。

そんな気持ちで、今日も私は日々修行とともに、新手の邪気と難病に立ち向かっているのです。

完全結界しても邪魔が入ることも

昨年10月頃から、うつ病とパニック障害に悩む男性の治療を行ってきました。20数年間、書籍のライターと編集を行っていたために、それまでお付き合いしてきた著者や関連スタッフの方々から、いろいろなお土産——邪気を貰ってしまったのが原因でした。

先ほどの編集ライターの患者さんと同様、とくに取材などでは取材対象者の気持ちになってインタビューを行わないと良い原稿になりませんから、どうしても相手に取り憑いている「悪いもの」もおみやげに貰ってしまうというわけです。仕事とはいえ、私はあまりにもリスクが大きいと感じたものです。

そこでまず浄化と完全結界を行い、次に邪気が残したトゲと傷跡の修復の治療を行いました。

当初は10円玉のようなどす黒い顔色が次第に良くなり、周囲の方々からも「最近顔色が良くなってきたけれど、いったいどうしたの?」などと聞かれることが多くなったということでした。

トータル15回の治療が終わり、次からは気の調整に移ろうと考えていたときのことです。その患者さんはその週末、突然ギックリ腰になってしまいました。

ちょうどその頃、その患者さんは会社を転職し、自前のパソコンや周辺機器を搬送するために引越し屋さんを手伝っていたところ、いきなりギックリ腰に見舞われてしまったのです。

直接的には、急に重いものを持ち上げたのが原因ですが、実は邪気に「邪魔」されたというのが真相です。

くわしく聞くと、80キロもある業務用のプリンターをふたりがかりで運んでいたとき、いきなりギクッと来たということでした。そんな無謀なことをして、邪気が放っておくわけがありません。

「待っていました！　これこそ絶好のチャンスだ」

とばかりに攻撃してきたのです。

邪気というのはいわば浮かばれない魂ですから、自分がこんなに辛いのにどんどん回復していく人がねたましくてならないのですね。本当なら、回復していく人に取り憑いて、さらなる災いをもたらして溜飲を下げたいところなのですが、その患者さんは私が完全結界を敷いているので，取り憑くことができません。

そこで悪知恵を働かせ、その人の隙をついて攻撃に出たのです。重いものを持っている後ろから、腰をドンと突いたのです。患者さんのギックリ腰の症状から、私は20～30体の邪気が束になって突いたのだと判断しました。

邪気とは恐ろしいもので、良くなった人に手が出せないとわかると、このようにちょっとした隙をついて攻撃してきたり、あるいはその人にとって大切な人に悪さをしたりするのです。

別のケースでは、子宮筋腫とアトピーに悩む患者さんを浄化・完全結界し、アトピーを完治させ、筋腫そのものも消滅させたところ、患者さん自身に手を出すことができないと知るや、なんと、結界を敷いていないその患者さんのお母さんを転倒させて右手を骨折させるという悪さをしたこともありました。

お母さんは昼間、ごく普通に平坦な歩道を歩いていたのに、突然転んでしまったというのです。要するにこれは、邪気が見えない縄を張っていて、お母さんの足元をすくって転倒させたということなのです。

もちろんそのお母さんも、その直後に浄化・完全結界して事なきを得ましたが、お年寄りの骨折は回復が遅く、後遺症が出ることが多いのはみなさんご承知のことだと思います。まったく、油断も隙もないものです。

◆

せっかくご自分が良くなったのに、別の形で災いが降りかかるというケースが多いので、私は患者さんに対して、

「決して無理をしてはいけない」

「邪気が付け入る隙を作ってはならない」

「人生は細く長くをモットーに」

と口を酸っぱくして言い聞かせているのです。

そして、さらにその患者さんの最愛の方々に災いが降りかからないために、そういった方々にも、浄化と完全結界を敷くことを強くお薦めしています。

なぜなら、自分さえ良くなればそれで良いというのはあまりにも自分本位ですし、神様を悲しませることにもなるからです。

自分が健康と明るさを取り戻したら、それを周囲の方々、とくに最愛の方々に分かち合っていただきたいというのが私の願いです。そして、そのために日々の治療を行い、私自身がそれを実践しているのです。

次々と相談に来る難病患者さんたち

副腎白質ジストロフィーという難病があります。

『ロレンツォのオイル／命の水』という１９９２年のアメリカ映画で題材となった、大変珍しい病気です。この病気は中枢神経や神経細胞を蝕み、ホルモンを産生する副腎の機能不全も伴います。

国内の患者さんは２００名ほどで男性だけに発症する病気です。

子どもが発症すると、知能低下や行動の異常、斜視、視力・聴力の低下、歩行困難となります。これらの症状は進行性で次第にコミュニケーションが取れなくなり、2年程度で死亡するという恐ろしいものです。

症状や進行はこのようなものですが、病気そのものの原因がハッキリしないので決定的な治療法はありません。いわゆる「不治の病」なのです。

ある日のこと、この副腎白質ジストロフィーと診断された息子さんを持つお母さんから、私宛に突然連絡が来ました。私は基本的に自分の患者さんからの紹介で治療をすることにしており、いわゆる飛び込みの患者さんは受け付けていません。

私の治療院をどうやって知ったのかと聞くと、インターネットの検索でたどり着いたということでした。不治の病ということで病院の治療を受けることができず、切羽詰まっていたのでしょう。

とにかく話を聞いてみようということで、ほどなくご両親と息子さんと面談しました。お子さんは小学3年生、少年野球をやっている活発なタイプでしたが、ある日野球の練習中ボールがよく見えなくなってきたのだそうです。

その後、視力と聴力が低下し、頭痛に悩まされるようになり、引きこもり同然になってしまったのです。

たまに学校に行っても「頭が痛い」と言って宿題にも手をつけません。

もちろん野球の練習などできる状況ではありませんし、大好きだったカレーライスさえ食べられなくなってしまったということでした。

さっそく私が診たところ、頭の両側に邪気の大きなトゲが刺さっていることがわかりました。しかも大変珍しいことに、この親子３人は邪気に取り憑かれていない、きれいな心を持っていました。

この親子に取り憑くことができないとわかった邪気は、せめてもの憂さ晴らしのつもりか、息子さんに大きなトゲを刺したというわけです。

そうすることで息子さんは余命２年の不治の病となり、そして最愛の息子さんが日に日に弱っていくのをご両親は毎日嘆き悲しむという、邪気にとって一石三鳥の作戦なのです。

このことをご両親に話すと、お母さんは即座に理解して大粒の涙をこぼし、いまから治療をしてくれるよう懇願しましたが、お父さんはというと、あまりのことに茫然自失でした。このような事態は、女性のほうが受け容れやすいということですね。

そこでさっそく浄化・結界し、頭の両側に刺さった邪気のトゲを抜き取りました。その後はトゲの跡の修復になります。

以後2週間連続で治療を続けていますが、視力・聴力・頭痛といった症状が軽減してきており、来院当初どす黒かった顔色も健康的なものに変わってきました。だんだん外に出ることもできるようになり、大好物のカレーライスも食べられるようになったということです。

運動能力も回復してきており、発病当時は自転車に乗れなくなってしまいましたが、いまでは自由に乗りこなせるようになりました。

この患者さんのお宅は千葉市にありますが、毎日お母さんが自動車を運転して通院しています。家族みんなの理解と協力がなければ、なかなかできることではありません。日増しに改善していく息子さんの姿を見て、ご両親ともに大変喜んでいます。

けれども私は、邪気はまた別の方法で悪さをしてくるだろうから、普段も決して気を抜かないようアドバイスしています。とくに毎日の通院で自動車を使っているので、交通事故には注意するよう釘を刺しています。このようなことを注意して治療を続けていけば、息子さんが野球を再開できる日も遠いことではないでしょう。


さらに幸いなことに、脳・目・耳の治療ができる神様がお手伝いをしてくださるとのアプローチをいただきました。本当に偶然、私のところにお見えになったのですが、まさにタイムリーな引き合わせだったと思います。

それらの神様の力もあって、この患者さんはぐんぐん回復しています。本人は子どもですから、自分の具合が良くなっているのにわざわざ私の治療を受けるのが億劫に感じているようです。

最近は、治療の最中なのに飽きてしまい、

「もういい。早く帰りたい」

などと言い出す始末です。つまり、それほど回復してきたということですね。神様たちは何もおっしゃいませんが、この患者さんの治療のためにわざわざ私のところに新しい神様がお越しになったに違いありません。

このような神様のお力添えを思うと、私はますます治療のために心身を精進させなければならないという思いを強くしています。

◆

「おばあちゃんの原宿」として全国的に有名な巣鴨には、とげぬき地蔵、正式には延命地蔵菩薩様が祀られています。

江戸時代中期、誤って口にくわえた針を飲み込んでしまった毛利家のお女中に、西順という僧侶が地蔵尊の尊影を水で飲ませたところ、尊影に針が刺さって吐き出したといいます。

私の治療で「邪気のトゲを抜く」というのも、このようなことだと理解していただくと理解しやすいと思います。

除霊・結界をしても、邪気の攻撃は止まらない！

私の治療によって心と体の健康を取り戻した患者さんは大勢いらっしゃいますが、せっかく取り憑いて不幸や災いをもたらしていたのがオジャンになってしまった腹いせに、邪気はその患者さんの最愛の人に取り憑いたり、災いをもたらします。

ですから次は、最愛の人・大切な人の除霊・結界が必要ですし、そもそも、

「自分だけ健康になればそれで良い」

などという考えを持つこと自体、神様が悲しまれます。

それでは大切な人の除霊・結界をすれば安心かというと、そんな安易なものではありません。邪気はいつでもスキを突いて災いや事故をもたらすからです。

もちろん結界を敷いてあれば、それまでのように易々と取り憑くことなどできません。その代わり、不意をついて背後から束になって腰を叩いてギックリ腰を患わせたり、なんでもない平坦で安全な歩道に見えない縄を張って転倒させ、足

を骨折させたりと、さまざまな悪知恵をめぐらせるのです。

このような邪気のちょっかいは、個人の心がけである程度防ぐことができますが、一番厄介なのは食べ物に「毒」を仕込まれることです。口だけは結界を敷くことができませんから、そこを突いてくることがあるのです。

◆

先にご紹介したうつ病とパニック障害に悩む男性編集者のお話で、除霊・結界・治療で心と体の健康を取り戻したのも束の間、隙を突かれてギックリ腰を患ったケースを紹介しましたが、この人は、その後食べ物に毒を仕込まれてしまいました。

腰痛が完治しないばかりか日によって痛む部位が変わる、ここ数日就寝時に足がつりまくって2~3時間しか眠れない、とくに思い当たることがないのに胃が痛くて食事もままならない、もちろん胃薬など効かない――。

そんな症状を聞いた私は、食べ物に毒を仕込まれたことがわかりました。

ここ数日の出来事を聞いてみたところ、複数の著者やスタッフと数回会食したそうです。そのうちの複数の人が背負っている邪気が、食べ物に「おみやげ」を仕込んだというわけです。

完全結界を敷いているので、その患者さんに取り憑くことはできないものの、食べ物といっしょに身体に入り込み、暴れるだけ暴れてサッと出て行ったのです。

体全体には完全結界を敷けるものの、首から上の「穴」、つまり口や鼻の穴、耳の穴だけは敷けなかったからです（その後それらにも、いわばシールド状の結界を敷くことができるようになりました。それについてはのちほどくわしくお話します）。

そこでさっそく診てみると、股関節は歪んでいないものの、すっかり固くなってしまいました。これが原因で腰痛がぶり返したり、夜中に足が交互につって明け方まで眠れなかったのです。また、食べ物といっしょに入り込んだので原因不明の胃痛に悩まされたというわけです。

◆

除霊・結界・治療を受けると心と体がきれいになりますから、以前はさほど気にならなかったこと――、たとえばあまり好意を持っていなかった人をますます避けるようになったり、初対面の人の性格や本質がわかるようになったりします。つまり心と魂がピュアになったので、邪気の存在や災いに対して敏感になるのです。

また、自分はちょっと違和感があるのに、その相手はやけにフレンドリーなので当惑するといったケースもあります。

そういう人は、心と魂がきれいな人と接することで自分の邪気を分け与えることができるため、心と体が安らぎを感じるので、無意識のうちにそういう人に好意を抱くのです。それはそうでしょう、無意識であっても少しでも自分が楽になりたいのですから。

もちろん当人にはそんな悪意はありません。自分が背負い込んでいる邪気がそうさせているうえ、当人自身もなぜか気分がスッキリするから、ごく自然にそうしているだけのことなのです。

さて、この患者さんのように、仕事柄さまざまな人と会って打ち合わせをしたり業務を行ったりすると、邪気が近づくリスクが大変多くあります。こういった患者さんには、私が霊的な調合を施した「お清めの焼酎」を使うようアドバイスしています。

一日が終わり、帰宅して入浴の前に、霧吹きに入れたこの焼酎を全身くまなくスプレーし、入浴後もう一度全身にスプレーして、その日の汚れをきれいに清めるのです。

ちょっと手のかかる方法ですが、毎日私の治療を受けるわけにもいかないでしょうから、これが一番手軽な方法なのです。一度きれいにした心と体を保つためには、それ相応の努力が必要だということです。

だからと言って、汚れに敏感になりすぎてイライラするようではいけません。イライラするうちは、まだまだ修行・切磋琢磨が足りないということです。

神経質になってむやみにイライラしたりせず、汚れが近づいたり心の中に入り込もうとしていることが分かっても寛容にその事実を受け止める、同時に心は汚れないようにしなければなりません。そういった対応こそ神様から課せられた新たな修行であり、自分自身の切磋琢磨の機会なのだと自覚するのです。

私は神様の力を借りて治療を行っていますから、患者さんを治療するたびに体を清めていますし、邪気を避けるために治療院全体に完全結界を敷き、気軽に初対面の人と会うようなことはありません。

この世で清く生きていくのは大変なことなのです。

◆

「天邪鬼」という言葉があります。

一般的には、わざと他人の言動に逆らうひねくれ者という意味で使いますが、もともとは神代の時代から存在する、人の心を探ってその人の夢や希望、願いに逆らう、ひねくれた神、悪鬼のことです。

また仏教では、人間の煩悩の象徴とされています。

いずれにせよ、人の幸福をねたむ邪気であることは間違いありません。

邪気は人間以外の「物」にも憑く

邪気が憑く対象は、何も人間だけではありません。自動車やパソコン、携帯電話などにも憑くのです。

たとえ新品であっても、製品として完成するまでには設計や組み立て、検査、パッケージ、発送、在庫、店頭陳列まで、実にさまざまな人々が関わってきますから、その過程で「おみやげ」を貰ってしまうのです。

無垢の手つかずと思いがちな新品の製品でさえそうなのですから、中古ともなれば事態はさらに深刻です。

私の患者さんの中に、無類のバイク好きな方がいらっしゃいます。

先にもご紹介しましたが、40代のバリバリの営業マンとして活躍していた方が、ある日突然、うつ病を発症して自宅に引き籠ってしまうようになりました。もちろん奥さんもお子さんもいらっしゃる、ごく普通のサラリーマンです。

霊視の結果、生霊を含む12体の邪気が憑いており、浄化・結界・トゲの傷跡の修復を行い、見事に社会復帰なさった方です。

元気になったので再びバイクに乗ろうと意気込んでいましたが、私はバイクに乗るのは止めるようアドバイスしました。

ところが本人はその気になってしまってなかなか納得しないので、予知療法を施すことにしました。これは患者さんの具体的な近い未来を予知することによって、その人が危険や危機を回避し、今後も心身ともに健康であるよう導く治療であり、近い将来の姿を見ることができる療法です。

その結果、3年後に大きな事故を起こして頭蓋骨が割れている無残な姿が見えました。現にこの患者さんは、以前も大きな事故を2度も起こした経歴があるのです。

そこで彼の愛車を霊視したところ、以前のオーナーはガンでなくなっており、バイクにはなんと16体もの邪気が憑いているではありませんか。

以前のオーナーもバイクが大好きだったので、愛着・執着があるそのバイクに、悪霊が憑きやすい状況を作り出してしまったというわけです。

予知した3年後の大事故の光景を話し、改めてバイクに乗るのを止めるよう説得した結果、彼はすんなり納得し、それ以降はバイクには乗っていません。これが予知による抑止効果なのです。

ただし私は、市井の占い師のようにむやみに予知をして怖がらせたり、不安を抱かせるようなことはしていません。あくまで私の浄化・結界・治療を施し、神様のご意志やお言葉に対して素直に耳を傾け、それを信じて神様のお導きを実践できる方に乞われた場合に限って、それに応じるというスタンスです。

興味本位で予知して欲しいのであれば、それこそ、

「当たるも八卦、外れるも八卦」

という気持ちで、街の占い師にでも見てもらえばいいと思います。

◆

邪気は、このようにいつの間にか取り憑くこともあれば、心身の健康を取り戻した人を「邪魔」するために意図的に憑くケースもあります。

完全結界を身につける以前は、私のパソコンやＦＡＸ、果ては携帯電話にまで

取り憑いて、しょっちゅう故障を起こしたものです。

神様とともに、患者さんの心身を治療する私を邪魔していたのです。もちろんいまは、そんなことはありませんが。

また、自宅に完全結界を敷いていない患者さんに邪魔をすることもあります。

この本の出版に関わっている編集者の自宅のパソコンやプリンターにちょっかいを出して、なかなか仕事が進まないようにしたこともありました。

そこで、その編集者のパソコンやプリンター、さらには自宅全体に完全結界を敷いて事なきを得ましたが、私の治療に関わることはなんでも邪魔をするということです。

この患者さん自身はすでに浄化・結界・治療を行っていましたが、邪気はそういうことさえ考え出すのです。悪いヤツほど悪知恵が働くものです。この本の出版にも関わっているので、なおさら邪魔をしたかったのでしょう。

ただ私に言わせれば、その編集者自身が邪気のちょっかいを軽く受け流すぐらい心と魂を鍛錬すべきなのです。ですから彼には、これは神様から与えられた試練だと考えるよう、折に触れてアドバイスしています。

そのような試練を乗り越えたとき、必ずや心と魂のステージが上がるからです。人が心と魂を清浄に保つためには、そういった修行が必要なのです。

新しい結界を敷けるようになりました！

前にお話した通り、これまでは「完全結界」を敷いても口を始めとして首から上の「穴」には結界ができませんでした。ですから、浄化・結界・治療をして心身の健康を取り戻しても、口から入る食べ物などから邪気が入って来るケースが多かったのです。

そこで毎日の「汚れ」を落とすために、神様のパワーを注入した焼酎を安価でお分けして、毎日の入浴前後に霧吹きで全身を清めるようアドバイスしてきたわけです。

ところが最近、私のところに雷王様という神様がお見えになり、食べ物や飲み物に入った邪気を防ぐことができるとおっしゃったのです。

事の発端は、私の子ども（もちろん完全結界を敷いています）が飲んだジュースの中に邪気が入り込んでいて、たちまち体調を崩したときに、その雷王様がいらっしゃって、

「それでは私の力を使えばいい」

と教えてくださったのです。

その結果、口・鼻・耳といった首から上の「穴」に結界を敷くことができるようになりました。これは「穴にコーティングをする」とイメージすると理解できるのではないでしょうか。

すでに何人もの患者さんにコーティングを施しましたが、みなさん口を揃えて「すごい効果ですね！」

とおっしゃいます。

浄化・結界・治療のおかげで元気になったのに、食べ物でやられてしまった経験がある方であれば、その効用を人一倍実感していることでしょう。

◆

私の患者さんで、ご夫婦で治療に見える方がいらっしゃいます。ご主人はサッカーが趣味というアマチュアのアスリートですが、過去に左右の足をそれぞれ骨折して膝や足首が悪くなっていました。

また、奥様はいわゆる霊感の強いタイプのためか、偏頭痛や肩こりなどに悩まされていたそうです。

私の治療院を訪れたキッカケは、五木寛之さんの『気の発見』という著作を読み、「こういう世界があったのか！」と感銘を受けてインターネットで検索した結果、私の治療院のホームページとブログにたどり着いたということでした。

先にもお話ししましたが、私は基本的に患者さんの紹介者を優先的に治療することにしています。なぜならそういうケースのほうが、神様から「○」をいただくことが多いからです。

しかし連絡をいただいて、まずはお話をしてみようという気持ちになりました。そしてお会いして納得したのですが、このご夫妻にはそれぞれ龍神様のご加護を受けていらっしゃいました。そういう方は、何のコネクションがなくても神様がお引き合わせになるのです。いわゆるご縁のある方ですね。

ご夫妻とも浄化・結界・治療を受けたにもかかわらず、やっぱり食べ物に仕込まれた邪気にやられてしまいました。ご主人に至っては、

「胃の具合が悪くて、今日は病院でバリウム検査を受けることにしました。ですから今日の治療はキャンセルさせてください」

と電話が入ったぐらいです。

私が遠隔で体の様子を診たところ、なんと15体もの邪気が入っているではありませんか。

さっそく遠隔で浄化し、浄化したことと首から上の穴のコーティングができるようになったことを伝えると、一も二もなく、

「そうですか。それではさっそくお願いします」

というお返事でした。

ご主人は外資系企業のエリートサラリーマンで、近々海外（マレーシア）に赴任することになっています。英語は堪能な方で、英語圏の海外勤務を熱望されていらっしゃったということですが、それでも海外の気候風土や食べ物、風習などに慣れるには少々時間がかかることでしょう。

ですから今回習得した首から上のコーティングは、これからのご主人の海外生活での強い味方になることは間違いありません。

これまでもお話したように、浄化・結界・治療の末に健康な心身を取り戻したとしても、食べ物に邪気が入り込んで体調を崩したり、本人が骨折やギックリ腰に見舞われたり、あるいは身内や大切な人に災難が降りかかったりと、邪気はいろいろな形で必ず「邪魔」をするものです。

ですから今回私が会得した首から上の完全結界は、それら「邪魔」の回避の一助になったと自負しています。

私の患者さんは、みなさんそのような苦い経験を味わっていらっしゃいますから、喜んで結界を望んでいます。

ただしこれは邪魔の回避の一助であって、私ができることと本人が努力しなければならないことがあることは自覚・実践していただかなければなりません。

◆

その一方で、私の話を聞いて納得して予約を取ったにもかかわらずドタキャンする方もときどきいらっしゃいます。

まあ、これは神様とご縁がなかったというか、私を信頼しきれなかったということなのでしょう。本当に残念なことですね。

さまざまなところに潜む邪気

ある日、私の患者さんから突然、

「急に娘の具合が悪くなったので診てほしい」

という電話がありました。

そのお嬢さんは霊感があって龍神様が大好きなのですが、公園で遊んでいたとき、

「龍神様が宿っている」

と気づいた石を見つけ、それを家に持ち帰ったのだそうです（お嬢さんの言葉を借りると、『石の中の龍神様が、おいでおいでと手招きしていた』のだそうです）。

お母さんが不審に思い、なぜそんな石を拾ってきたのか尋ねると、

「この石には龍神様が宿っているから。でも、このことは大山先生には内緒にしておいてね」

と答えたそうです。

お母さんは、お嬢さんの、

「大山先生には内緒にしておいてね」

という言葉が気になっていたところ、突然お嬢さんの体の具合が悪くなってしまったのだそうです。お母さんはその石が原因だと直感して、すぐさま私のところに電話をかけてきたのでした。

さっそく治療院に来ていただき、お嬢さんが拾ったという石を霊視したところ、龍神は龍神でも、なんと「邪龍」という魔界の邪悪な龍神が憑いていて、お嬢さんに取り憑くばかりか、患者さんのご自宅に邪龍の卵を産み散らかしていたのです。

お嬢さんは霊感があって龍神様が好きでも、その正・邪まで見分けることができなかったのです。

そこでさっそく浄化を施し、龍神様にその石ごと邪龍を封じ込めてくれるようお願いしましたが、

「邪気のパワーが強すぎて封じ込めることができない。近所の川に放り込んでしまえ」

とのことだったので、取りあえず治療院の前の道に置いておきました。

治療が終わって親子が帰り、私もちょっと治療院を留守にしたとき、治療院にピアスを置き忘れたことに気づいたお母さんが取りに戻ったスキに、邪龍は親子の自動車に取り憑いてしまったのです。もちろん、親子にはわかりません。

治療院にいらっしゃる龍神様がその様子を見て、すぐさま追いかけましたが、西湘バイパスを走行中の親子の自動車のフロントガラスに、突然カモメが飛び込んできたのです。当然、邪龍の仕業です。

あわやというところで龍神様の助けが間に合い、自動車の下にカモメを飛び込ませて難を逃れることができました。何も知らない親子は、突然カモメが自動車の下に飛び込んだのでブレーキが間に合わず轢いてしまいました。普通では考えられないことなので、しばらく呆然としてしまったそうです。

後日、お母さんからカモメの一件の話が出たので事の顛末を説明すると、龍神様への感謝とともに、邪気の恐ろしさを改めて実感したということです。

なお、この患者さんが完全結界の第一号です。

◆

私が完全結界を身につける前のことですが、何度浄化・治療を施しても、しばらくすると必ず邪気に取り憑かれてしまう患者さんがいらっしゃいました。

子宮筋腫と不妊症の治療でいらっしゃった30代の女性で、霊視したところ30体もの邪気に取り憑かれていました。それもそのはず、彼女の職業は看護師さんで、集中治療室（ＩＣＵ）の勤務だったのです。

何しろ集中治療室で死の淵をさまよう重篤な容態の患者さんを看護するお仕事ですから、それらの患者さんから「おみやげ」すなわち邪気をもらってしまうのです。死に直面して苦しみ、ときには治療の甲斐なく亡くなってしまうような、まさに生死のギリギリのセクションです。邪気をもらってしまうのも、一種の職業病のようなものでしょう。


この患者さんは、幸い浄化後15回ほどの治療で子宮筋腫と不妊症は改善しましたが、その後もしばしば、原因不明の体調不良を訴えて治療院を訪れました。

彼女が治療室の扉を開けるなり、私が、

「ああ、今日は2人亡くなったね」

と声をかけると、

「そうなんです。今日は大変でした」

などといった会話ののち治療を行ったものです。

その後、完全結界を身につけたことを知るや、彼女はその場で完全結界を結ぶことを希望しました。

多くの人と接する機会があり、しかも人の病いや生死に関わるお仕事をされているだけに、彼女にとってはそれほど切実な問題だったということです。

霊能力を持つ人ほど邪気が憑きやすい

奥様は腰痛、ご主人はぜんそくとアトピーに苦しむご夫妻が治療に来院され、最初に治療法を説明するうちに奥様はセラピストでタロット占いもやるということがわかりました。

ご自身がいわゆるスピリチュアル系のお仕事をされているので、数カ所で気功の治療を受けたものの一向に改善せず、思いあまってインターネットで検索した末に、私の治療院のホームページとブログにたどり着き、内容を読んで、

「この先生は本物だ！」

と直感してコンタクトされたのだそうです。

それまで「まがいもの」ばかり経験してきたので、私の治療内容にピンときたのでしょう。

15回ほどの治療で症状がなくなり、それに感激した彼女は、仕事で使うタロットカードにもぜひパワーを授けてほしいと懇願されたので、初めてのことではありましたが神様のパワーを入れてあげました。

心身の健康を取り戻した彼女は、以前にも増してタロット占いがよく当たるようになったということです。それはそうでしょう、使っているカードには神様のパワーが宿っているのですから。

また、この女性のお父様が末期ガンを患っていたので、併せてお父様の治療も行いましたが、食道から胃にかけて末期的だったためすでに手遅れで、残念ながら救ってあげることができませんでした。

このようなことは二度と経験したくありませんから、私はその後、さらなる修行を積んだ結果、結界をさらに強力にすることができるようになりました。

◆

霊能者と称してそれを職業としている人のほとんどは、短命だったり、重い病気を抱えているものです。なぜかというと、霊視はできても除霊や浄化する能力がないからです。

これら霊能者のもとには、さまざまな邪気を抱えて苦しんでいる人たちが相談に来ますが、同時にさまざまな邪気のおみやげを置いていきます。

しかし肝心の除霊や浄化ができず、それでも相談を受けるのですから、それこそ雪ダルマ式にどんどん邪気が増えてしまいます。その結果、短命や重病に苦しむことになってしまうのです。

そもそも神様は、もともとその人に備わっていた神様やその能力をお金儲けの道具にすることを望んでいらっしゃいません。人を助けるためのものなのに、私利私欲ばかり追うようでは、神様はとても悲しみます。そして最後には、その人から離れていってしまいます。

神様に見放された霊能者は悲惨なものです。文字通り邪気に取り憑かれているのですから、今度は本格的に魔界に操られるようになり、ますます私利私欲に走り悪行三昧をするようになります。

そのうえ以前のような霊能力はなくなってしまいましたから、

「あの人の鑑定は当たらない」

「あの人はお金に汚い」

などという評判が立ってだんだん世間から相手にされなくなり、ついに自分の体も次第に病魔に蝕まれるようになるのです。

テレビや出版物などで著名な霊能者にも、私がかつて関わりのあった霊能者の中にも、神様に見放された人がたくさんいます。だからこそ私は日々精進し、心が汚れないよう心がけているのです。

◆

汚れたぞうきんで汚れを拭き取ろうとしても、汚れは絶対に落ちません。かえってもっと汚れがひどくなってしまいます。

治療とは、そういうものです。心が汚れた霊能者や治療者がいくら頑張ってもまったく無意味ですし、それどころかますます心が汚れ、魔界の言いなりになってしまうのです。

こういう人たちを見るにつけ、真っ白できれいなぞうきんで汚れをキチンと拭き取ってあげることを、私は日々心がけています。

第2章

神々のパワーと医療の融合

従来の気功治療は、ただ単に痛みのある箇所を癒す程度で完治させることができませんでした。

その点が、私の治療との決定的な違いです。

従来の気功とはまったく違う治療法

私は10数年来、股関節治療を中心とした整体を行っていました。そして治療を続けるうちに、股関節の歪みの原因は股関節に邪気が滞って体全体に歪みをもたらし、さまざまな病気を引き起こすということがわかりました。

邪気を払うためには自分だけの力では不可能であり、神様のパワーをお借りしなければなりません。

そこで私は、各地の霊能者の方々に教えを乞い、神仏を祈祷し、あるいは滝に打たれるといった心と魂の修行を10年以上続けるうちに、お不動様や薬師様、そして富士大龍神様をはじめとする神々のご意志を知り、心が通じるようになりました。

そして、私が真剣に修行を積んでいることを認めてくださったうえで、私の治療に力添えしてくださるということでした。金銭に執着することなく、苦しんでいる人をひとりでも多く助けたいと言う、私の志を評価してくださったのです。

私は大変感激すると同時に、これまで以上に修行に励んで心を律し、神々の期待に応えなければならないと決心しました。

神々の力添えをいただくということは大変ありがたいのですが、見方を変えると私の言動や心の動きは常に神様がご覧になっているということですから、これまで以上に心と魂を鍛錬し、常に清まった状態を保たなければなりません。

邪気と接する機会を極力減らすため、俗っぽい交友関係は一切断ち切り、繁華街はもちろん街の雑踏の中に身を置くようなことも一切止めました。同時に治療院や自宅への来訪者も制限して、邪気を持ち込まれないように注意しています。

患者さんについても、まず私の治療法について説明し、それに共鳴して私を信頼していただくのが第一条件です。せっかく神様が力を貸してくださるのに、半信半疑では治るものも治りませんし、神様がそれを見抜いて力添えしてくださいません。もっとも、最初お話した時点で、そんなことは判ってしまいますが。

◆

このように私の治療法は、神々のパワーを用いているという点で、一般的な気功や整体術、ヒーリングなどとはまったく異なっています。

ひとくちに神様と言っても、ガンや筋腫を焼き切ることができる神様や除霊を得意とする神様、邪気のトゲを抜くのが得意な神様、トゲの穴の修復が得意な神様などなど、神様の数だけ得意な分野があるのです。

ですから私は、さまざまな症状・難病に苦しむ患者さんごとに、それぞれ得意分野を持った神様を組み合わせて治療を行っています。ですから、たとえ難病と言われて病院から見放された患者さんでも、その症状に応じて神様の組み合わせを吟味して対応します。つまり、毎日が新しい治療法の勉強であり、修行でもあるのです。

このような私の活動は天界に知れ渡り、神々からも注目されているので、いま

まで関わりを持たなかった神様たちが、

「私はこんなことができます。力を貸しますよ」

と、次々に私の治療院にいらっしゃいます。こうして新しい治療法がどんどん生まれていますし、こうした神様たちの力添えがあればこそ、さまざまな難病を治療することができるのです。

そしてもうひとつの一般的な気功との違いは、必要とあれば現代医療も併用すべきだという点です。多くのスピリチュアル系、ことに神がかり的な治療に共通しているのは、施術者が「エイ！」と気を入れたらそれでおしまい。しかも病院の治療を受けるなんてとんでもない、という考え方です。

では骨折は気で完治するのかといえば、そんなことはあり得ません。盲腸だって同じことです。ですから私は、「神の領域」と「現代医療の領域」というふたつのバランスを取ってこそ、病気や症状が完治すると考えています。

現に私の患者さんには、病院に通って薬を服用しながら私の治療を受けている方がたくさんいらっしゃいます。ただし、服用する薬の成分分析はこちらで行い、薬の強弱の判定をしたり、成分分析を根拠とした治療を工夫することもあります。

神々の力と、それに基づいた私の治療というコラボレーション、そして神々の力と現代医療とのコラボレーション。これが私の治療法の特徴なのです。

血液の汚れは邪気の爪跡

私の患者さんの中に10年来のお付き合いという方がいらっしゃいます。50代後半の会社経営者で、現役のアマチュアスポーツ選手でもあります。日々のトレーニングを欠かさず、文字通り筋骨隆々。ですから持病や生活習慣病などとは無縁です。

ただ、社長業でさまざまな人と接しているので、邪気もたくさんもらってしまうのです。完全結界を会得する以前からの患者さんですから、定期的に股関節をチェックして、邪気を払ってトゲの穴の修復と血液の清浄化の治療を行っていました。

ところがこの患者さんは遺伝的な理由で潜在的に心臓がウイークポイントで、

ある日突然、不整脈に悩まされることになってしまいました。病院で精密検査を受けても原因を突き止めることができません。ただし不整脈の症状があるのは確かなので、病院の医師は心臓に電気的な刺激を与える治療を都合３回行い、血液の状態を改善させるための各種の薬を処方しました。

一時は改善したものの結局、不整脈が再発してしまったのです。これは病院が原因を突き止めることができず、あくまで対症療法で対応したからです。私は最初から、

「病院なんか行ってもムダですよ」

と反対していたのですが、患者さん本人がどうしても行きたいと言い張るので、その意志を尊重したものの、案の定、治療の甲斐なく再発してしまったのでした。

その後は病院にはかからず、素直に私の治療を受けるようになり、邪気が残したトゲの穴の修復と血液の清浄化に専念しています。すでに17回の治療を行い、徐々に改善してきました。

通常は10回から20回で完治するものなのですが、この患者さんの場合もう少し治療が必要でしょう。

それだけ邪気の傷跡が多いということであり、キチンと病気の原因を理解していなければならないという典型的なケースです。

◆

まずは股関節を正常な位置に戻して体全体を真っ直ぐにし、取り憑いている邪気を払って浄化して、その後は時間をかけてトゲの穴の修復と邪気によって汚れてしまった血液の清浄化という治療を行えば、ほとんどの病気は完治するのです。全身に転移していない限り、ガンでも完治します。

治療内容について

治療時間は、1回1時間が目安です。ただし、患者さんの状態によって大きく3つのパターン（治療メニュー）を使い分けます。

基本的には股関節の位置を修正し、邪気を抜いて浄化したうえで骨盤と仙骨の接点を矯正します。

股関節が外側に開くことによって、股関節の上にある大腿骨四頭筋が同じように開いてしまいます。そこで開いた筋肉を伸ばすことによって仙骨の位置を正常な位置に戻すのです。そうやって骨盤と仙骨の接点を調整します。

続いて正座の状態で足を縛り、そのまま仰向けに寝かせて腰の下に枕をあてがい、しばらくしてもっと高い枕に交換します。

その後上体を起こして、トゲの穴の修復と汚れた血液の清浄化の治療を行います。

◆

これが治療の一連の流れですが、体の痛みが強かったり、体が固かったりと言う患者さんの状態に合わせて、治療内容をアレンジするのです。

まずは邪気のトゲ抜きが先決という患者さん、あるいは患部の痛みを和らげるのが先決という患者さんなどさまざまなケースがありますから、それらに対応した治療を施す必要があります。

私の治療で最も特徴的なのは、患者さんの体に触れることなく一瞬のうちに歪みを正すことです。神様のパワーをいただいて治療しているからこそであり、他の治療院では絶対に不可能です。

神様を信じる心

私は治療の説明をする段階で、来訪者に対して「○」「△」「×」というランク付けをします。いったい何のランク付けかと言うと、それは、

「この人は本当に神様を信じているか」

というランキングです。

私の治療は神様の力添えによって成り立っていますから、

「神様を信じるイコール私の治療をなんの疑いも持たずに信じる」

という図式になるからです。

念のため申し上げますが、これは何も特定の宗教を信仰しているのが条件という意味ではありません。

特定の宗教の信仰を持たない、あるいは普段とくに宗教を意識していない人であっても、神様や大いなる存在を認め、それに対して感謝の心を持つとか畏敬の念を持つ人であれば良いのです。

そういった意味では、むしろ特定の宗教に強い信仰心を持つ人ではないほうが良いのかもしれません。「木を見て森を見ず」という言葉がありますが、自分の信仰する神様以外は認めないというようでは「×」です。治療の意味がありません。

これと逆に、特定の宗教を信仰していても、それ以外の絶対的な存在を認める心を持つ人は「〇」です。

患者さんの中には、たとえば生まれながらのキリスト教信者でクリスチャンネームを持ち、学校も小学校からずっとミッションスクールに通っていたという人がいますが、キリスト教の神様以外の神様の存在を認め、畏敬の念を持っています。こういった心の持ち主であれば、神様はお認めになるということです。

また「△」のランクというのは、いわばグレーゾーン的な存在です。ちょうど

「○」と「×」の中間で、心が揺れ動いている状態のことです。

私の説明を受けてもどうも半信半疑から抜け出せないとか、その場では納得しているようでも、せっかくの予約を土壇場になってキャンセルするような人です。

私は、一度キャンセルした人はその後二度と治療しません。心の中に疑いがある以上、神様は力を貸してくださらないからです。ですからいまは、「○」以外の人の治療はすべてお断りしています。

いずれにせよ、先の「○」「△」「×」のランク付けは、面談すればすぐに判りますし、事前に神様がお見通しになって、私に教えてくださいます。

ですから心身の健康を取り戻すことができるのは、神様がお認めになった「○」の人に限られているということです。

◆

とはいえ「○」だからと安心するわけにはいきません。

たとえ神様から「○」ランクをいただいて、治療の末に心身の健康を獲得したとしても、その人のその後の生き方や心のあり方が改まらないようであれば、治療前の心身の状態に逆戻りしてしまいます。神様が離れて、その守護を受けることができなくなってしまうということです。

のど元過ぎれば熱さを忘れる、自分が健康を取り戻しさえすれば、悔い改めることなく元の自分に戻ってしまうというようなことは許されないのです。

私の治療を受けて心身ともに健康になるということは、患者さんが神様を敬い感謝の気持ちを持ち、同時に神様も患者さんの気持ちを認めて喜んでいらっしゃるという関係が成立しているからなのです。

ですから健康を取り戻したら、感謝の気持ちを持ちながら、今度は周囲の人々を幸せにすることを意識しなければなりません。世の中は自分ひとりで生きていくことなどできません。日頃から反省と感謝の心を持ち、周囲の人々の役に立つよう心がけてこそ、私の治療と神様のパワーが増幅するということです。

神様はひとりでも多くの人の幸せを望んでいらっしゃることを忘れずに、汚れのない心を保ち続けることが大切なのです。

◆

私の治療は、まず股関節に取り憑いた邪気を取り除いて浄化を行い、邪気が残したトゲを抜いてその傷跡をつまりトゲの穴を修復し、さらに残った汚れを取り除くことによって、心と体をきれいにしていきます。

ですから治療が進むにつれて、心の状態が清らかになるのです。すると、以前はさほど気にならなかった世の中の悪い部分や汚れが気になるようになっていきます。これは自分の心が悪いものや汚れに敏感になるからです。そうすると、自然に汚れや邪気を避けるようになったり、邪気を持つ人が判るようになってきますし、自分の生き方や心の持ちようを律するようになるのです。

それと同時に、

「自分の前世はどこのどんな人だったのだろうか？」

「自分はどういう理由で現世に生を受けたのだろうか？」

「自分はこれからどのように生きていけば良いのだろうか？」

といったことに疑問を抱き、それらを知りたくなります。

これらの疑問は占いや運勢などに対する興味本位なものではなく、心が清らかになったことで自然に生じるものなのです。

いわば、心のステージが一段上がった状態を示すものです。私は患者さんの心の状態がここまで来た時点で初めて、前世療法・予知療法を施すことにしていきます。

たとえば学校教育で10数年かけて学ぶことで、ようやく社会人として成長するように、人間は何事につけても少しずつ経験を積む必要があります。

それと同じように、さまざまなことを一度に知ろうとしても理解の範囲を超えてしまいますし、個々の持つキャパシティーを超えて、必ずしっぺ返しが来るものです。私自身、修行を積む中で、お不動様から同じような教えを授かりました。ですから決して焦ってはいけません。

第3章

体の歪みは邪気が原因だった！

体の歪《ゆが》みの原因は、股関節の歪みが原因です。

そして、従来の気功治療ではどうしても完治しなかった股関節の歪みは、そこに溜まった邪気が引き起こしているのです。

邪気の正体とは

私たちは日常的に「気」という言葉を使っています。

「今日は良いお天気だ」

「あの人から元気をもらった」

「最近病気がちだ」

「気合いだ〜!」

などなど、とくに意識していなくてもごく普通に使ったり、見聞きしていると思います。

私たちは人と人とが関わりを持って生活する中で、この見えない「気」のやりとりをしているのです。

ところが、すべての人が心身ともに健康で心地よい「気」を発しているわけではなく、むしろ病気や邪気といった波長が乱れた「気」を発している人のほうが圧倒的に多いのです。心身の健康を損なうのは、それらの影響です。

たとえば、あの人と話しているとなんだか元気になって、心地よい清々しい気持ちになるということもあれば、話をしているうちにイライラしたり気持ちが滅入ってくるということは、誰しも経験したことがあるはずです。


心身ともに健康な状態であれば、ちょっと嫌な気持ちを味わうだけで済んでしまうのですが、そのときたまたま体調が悪かったりすると、悪い邪気を跳ね返すことができずにもろに受けてしまい、体調不良や病気を引き起こしてしまうケースが多々あるのです。

いきなり病気にならなくても、邪気は現代人のストレスの原因になっています。ストレスが蓄積してイライラ感が募れば募るほど、邪気はさらなる邪気を呼んで心と体のバランスが狂い、やがては心身の健康を蝕んでいきます。

この恐るべき邪気の扱い方で、人の幸・不幸や運気が大きく変わっていくと言っても過言ではありません。

恐るべき邪気の影響

邪気は人に取り憑きます。具体的に言うと、首の後ろの第七頚椎から入り、肩を通って股関節周辺に溜まりやすく、その影響で足が外転してそのぶん長くなり、骨盤の高さが変わって歪みを生じさせ、それによって気や血液、リンパ液などのめぐりが悪くなって、さまざまな病気の原因になるのです。

ガンや子宮筋腫、不妊症、腰痛、ぜんそく、アトピー、うつ病をはじめ、世の中で難病と呼ばれる症状も、すべて邪気の影響です。

ですからほとんどの病気は、邪気の浄化（除霊）によって解消します。

中には最終的に外科的な手術や治療を必要とする病気もありますが、そうした病気も最小限まで軽減することができるのです。

邪気は大きく分けると「外邪気」「内邪気」「行い邪気」の三つになります。

・外邪気とは、外で他人との関わりで受ける邪気（これを「おみやげ」と呼んでいます）
・内邪気とは、身内や肉親、家系から受ける邪気
・行い邪気とは、性格や自らの考え、行動などから起きる邪気

そしてこれらの邪気は、必ず股関節に溜まります。

大きく分けると、他人から受ける外邪気は左側に、身内などからの内邪気は右側に受けやすく、溜まりやすいのです。

人は誰でもひとつやふたつの邪気を持っているものです。しかし、痛みなどの症状や病気を併発して来院される方は、３～10体ほど憑いています。また、難病、不治の病などと宣告された方はそれ以上の邪気が取り憑いているケースがほとんどです。

こういった方に対して、私はまず邪気が左右どちらに憑いていて、どのように

影響しているのかを判断したうえで、邪気の浄化（除霊）とその修復のための治療を行っています。

邪気による歪みの判定と治療例1

左右の肩の高さの違いを見る

真っ直ぐに立ち、後ろに手を回してげんこつを合わせて肩甲骨の下まで上げます（痛くて上がらない方は無理になさらないでください）。

ここで左右の肩甲骨が下がっている方が病んでいるということです。

・治療前（上写真）／肩甲骨が著しく下がり、背骨はS字に湾曲しています。
・治療後（下写真）／左右の肩甲骨が真っ直ぐに戻り、背骨も真っ直ぐになりました。

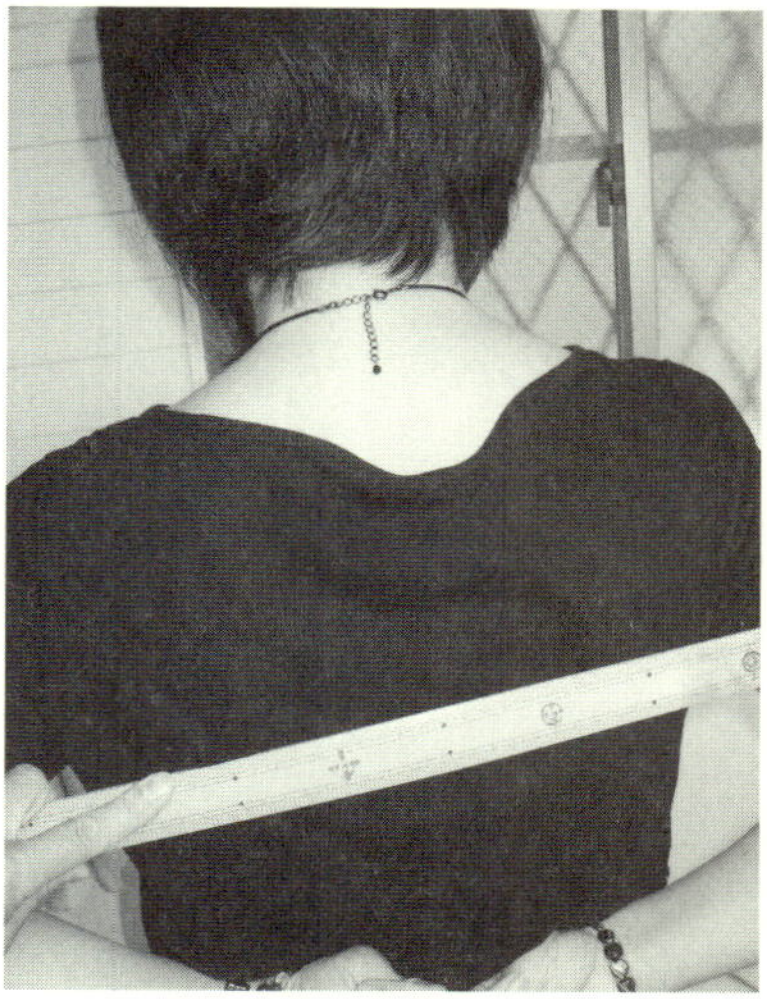

・治療前

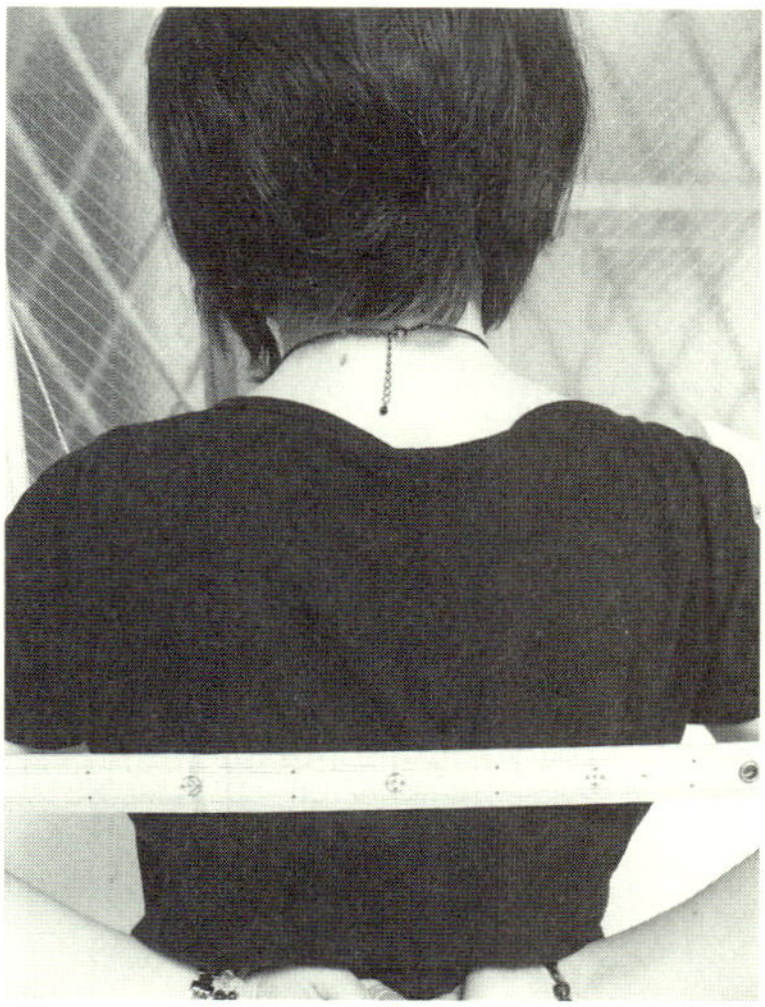

・治療後

邪気による歪みの判定と治療例2

左右の足の長さの違いを見る

仰向けに寝て、体を真っ直ぐにして両ひざを立てます。左右どちらか高い方が、外側にねじれて歪んでいます。

また、足を下ろして踵の長さを見て、やはり長い方が歪んでいます。

・治療前（上写真）／右足（足首）が長く、股関節が外側にねじれています。

・治療後（下写真）／股関節のねじれが治り、左右同じ長さに戻りました。

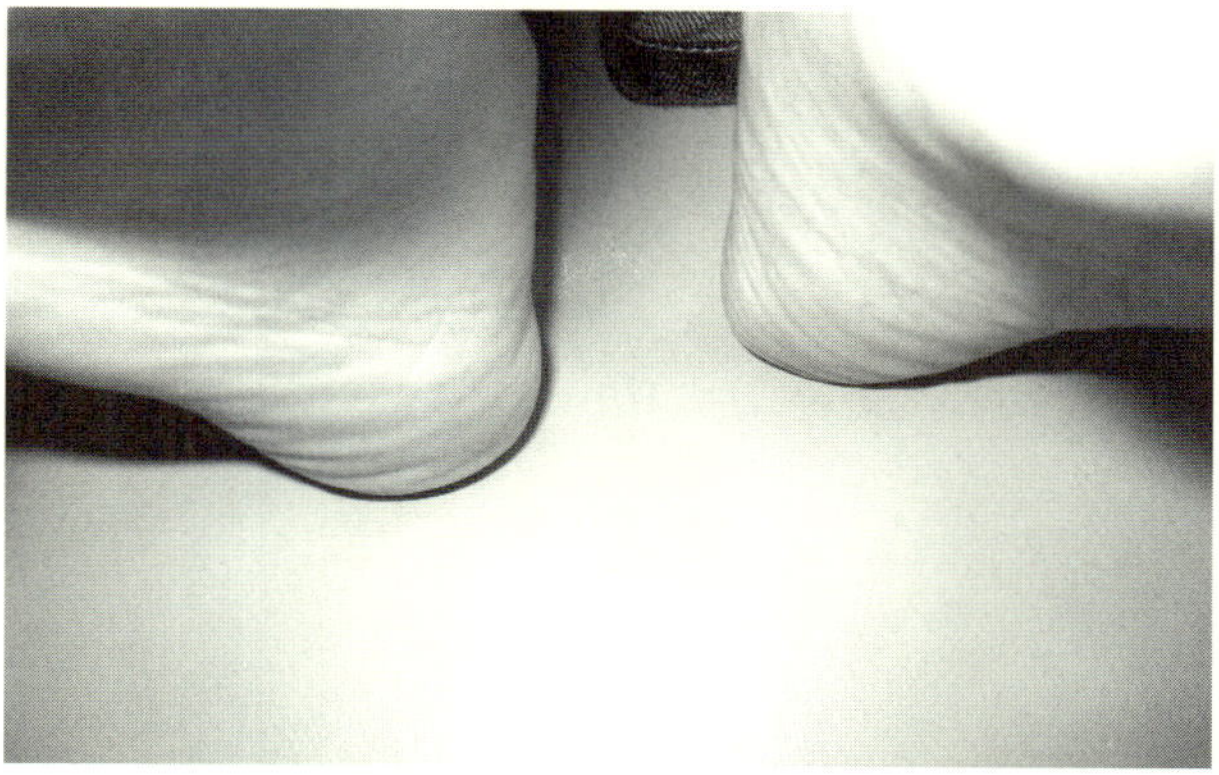

・治療前

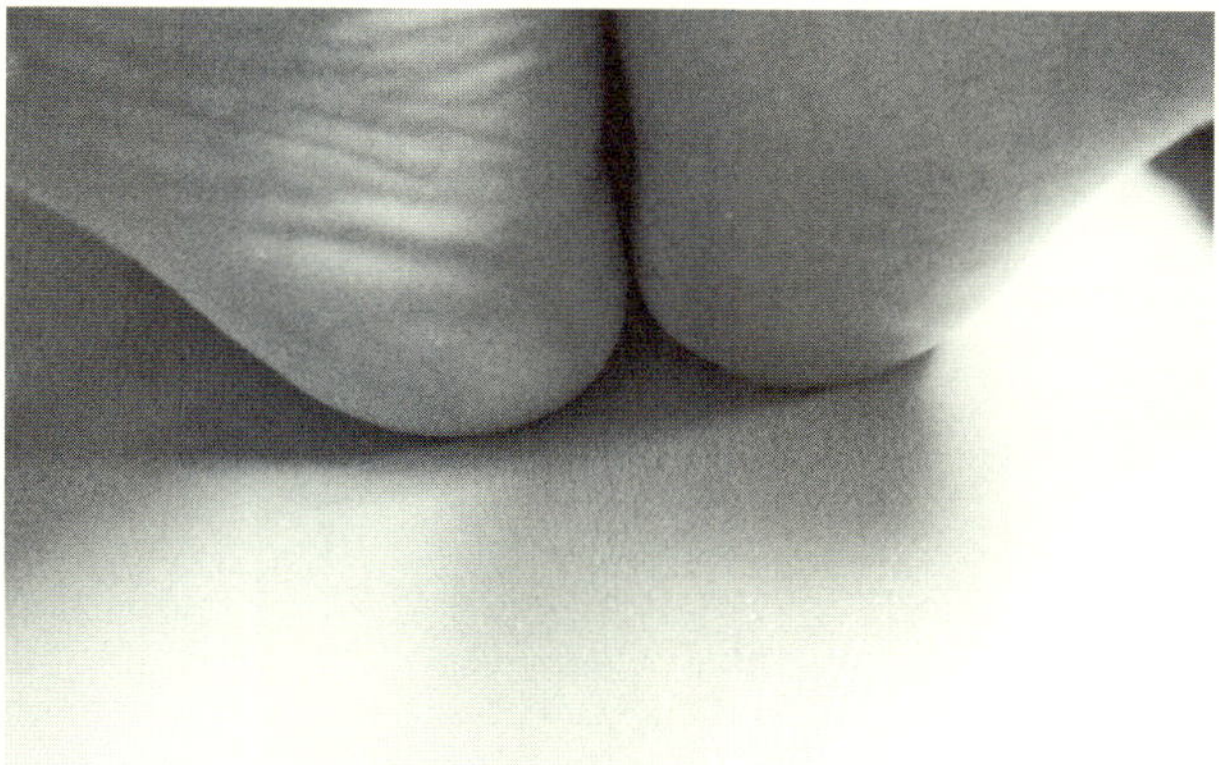

・治療後

邪気による歪みの判定と治療例3

左右座骨の出っ張り具合を見る

仰向けで両ひざを抱え込むと、座骨の左右の位置がハッキリ分かります。ご自分の手が届けば触ってみてください。出っ張りのある方が、間違いなく邪気の影響を受けています。

私はこの事実を10数年前に発見しました。この出っ張りを完治させると、あらゆる病気が治ると言っても過言ではありません。つまり、それだけ影響力が大きい場所なのです。

・治療前（上写真）／右側の座骨がずれています。普段このずれに気づく人はまずいません。

・治療後（下写真）／邪気を取り去ったことで、座骨が元通りに戻りました。

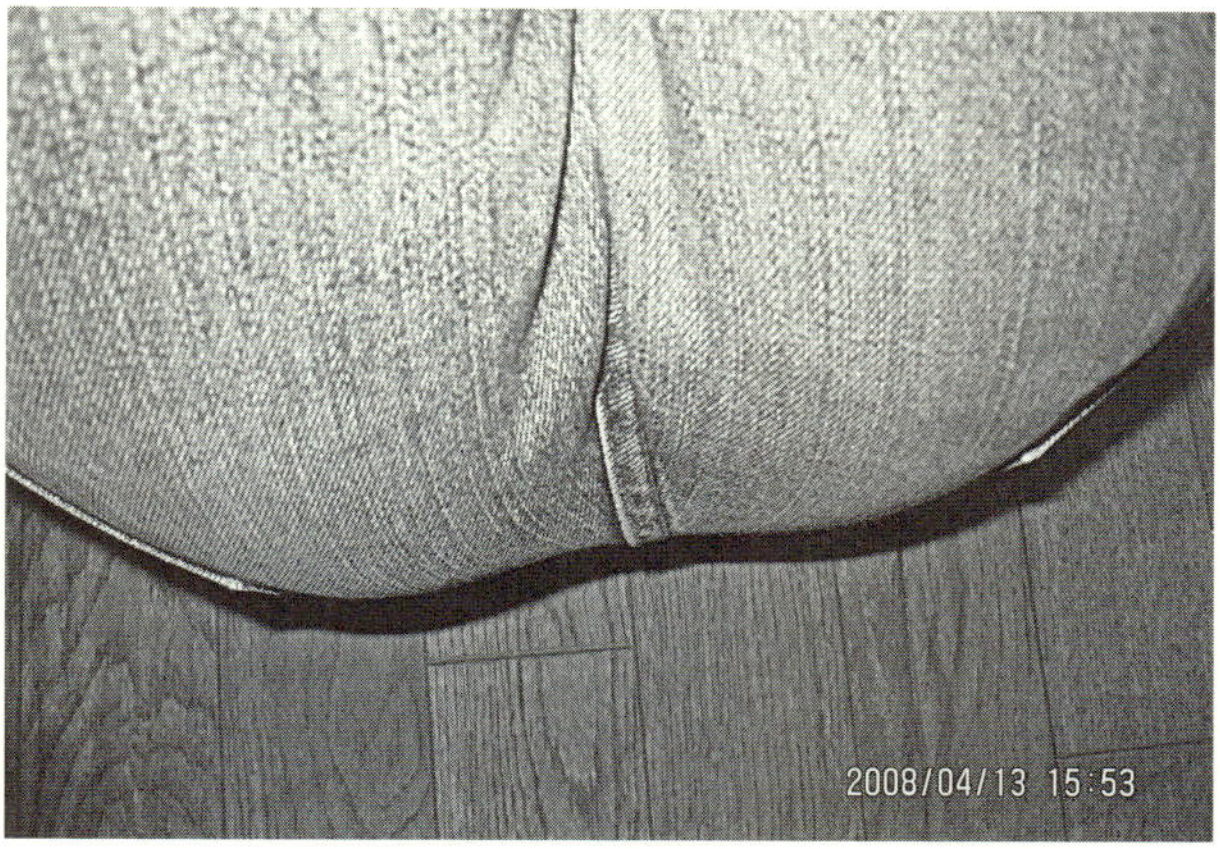

・治療前

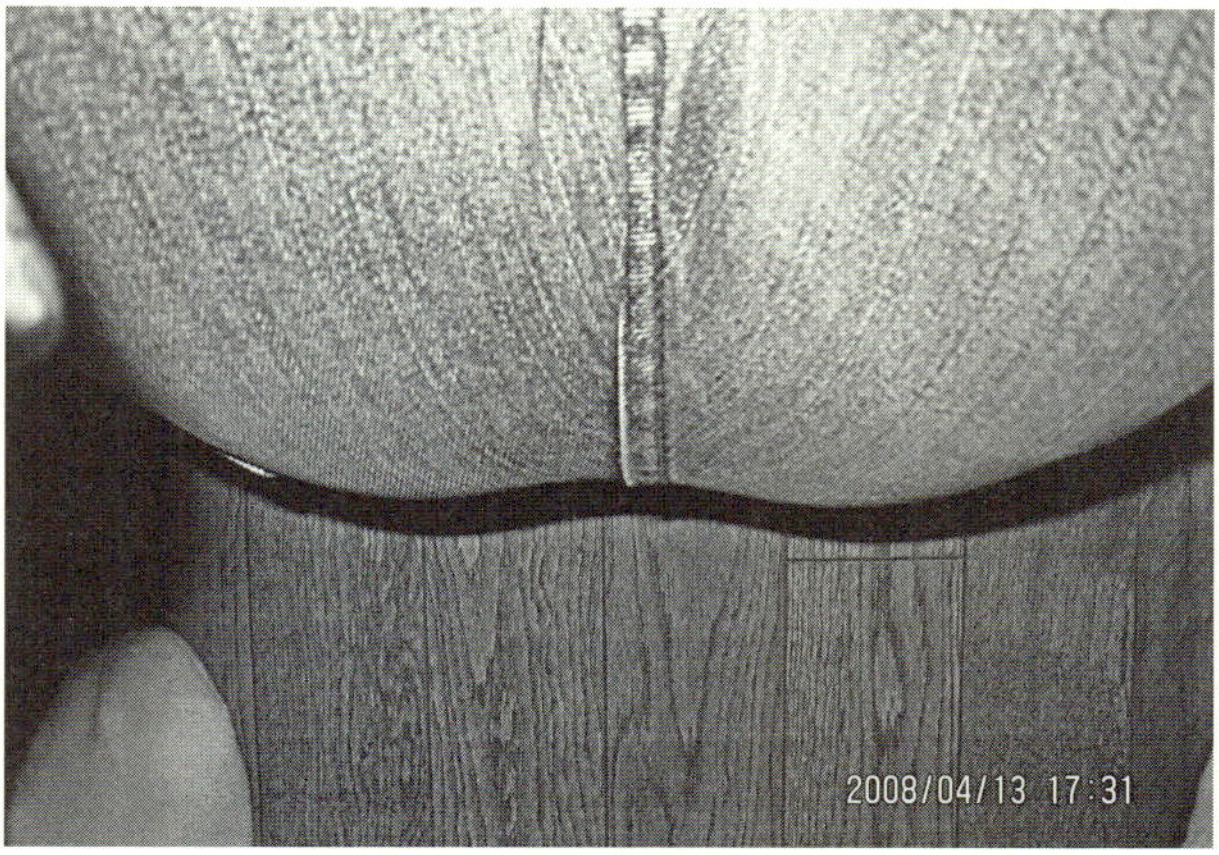

・治療後

以上3つの判定方法をご紹介しましたが、まずはご自分の状態をチェックしてみてください。

ただ、左右の座骨の出っ張り具合の判定は、ご自分では難しいと思いますので第三者に見ていただくほうがいいでしょう。

股関節と病気の関係について

股関節がずれると足の長さに差が出て、骨盤の位置もずれます。そのままだと体が傾いて歩行に困難を来してしまいますから、無意識のうちに背骨を湾曲させてバランスを取るようになります。つまり、体全体が歪んでしまうのです。先の歪みのチェック3パターンによって、容易に判断できます。

体全体が歪んでしまうのですから、当然顔も歪みます。左右の目の位置や眉の高さ、口の歪みなど、顔全体の歪みが生じるのです。ですから、顔の歪みでも股関節のずれや歪みの判断ができます。

股関節のずれの弊害としては、左がずれてしまうと主に消化器系統、右がずれてしまうと主に呼吸器・循環器系統に病気が出てきます。

股関節は本来１２０度ぐらいの角度ではまっており、それが内側にねじれると足が短くなり、外側にずれると長くなります。定位置にはまっていれば、正常な長さです。

また、股関節が固くなると足の血液の循環が滞ります。

血液の流れというものは、体の外側の動脈から内側の静脈を通って循環しているので、股関節がずれてしまうと、まずは動脈の血流に影響します。ですから両方の股関節が悪いと、まず血圧が高くなります。すると静脈瘤ができやすくなり、あらゆる生活習慣病の温床となるのです。

人間誰しも遺伝的に血圧が高いとか、糖尿病になりやすいとか心臓が弱いといった弱点を、潜在的に抱えているものです。それでもなんとかバランスを取って発病せずにいるのですが、股関節の状態が悪くなると、それらの弱点をピンポイントに攻撃され、ついには発病してしまうのです。これが発病のメカニズムです。

たとえば、川は水の流れが良いときこそ水質は良好ですが、ひとたび流れが悪くなると淀んで水質が悪くなり、魚や昆虫、植物、鳥など、その川に関わるすべての生物にも悪影響を及ぼし、ついにはその生態系まで激変させてしまうのとまったく同じ理屈です。

心と体のバランスについて

世の中は、影と日向・裏と表・陰気と陽気というように、すべて対極的なものの微妙なバランスによって成り立っています。

これと同様に、人間の性格も長所と短所がありますし、心の中で反省したり反発したり、あるいは妥協したりといった葛藤が生じます。人の心は電気と同じように、プラスとマイナスの反発、ぶつかり合いによってエネルギーを生み出しています。

ですから自分の短所のエネルギーを、いかにして長所のエネルギーに転換させていくかがポイントであり、その努力を続けていくことが人生の大いなる課題なのです。

私は治療を通じて、その人本来の心とバランスを取り戻すためのお手伝いができればと願っています。

気功やヨガ、瞑想などで心身のバランスを取ろうという考えもありますが、これらは自己を見つめ直すキッカケにすぎません。

心身の病や怒り、グチ、弱音、マイナス思考などは、「気」の持ち方や扱い方ひとつでガラリと変わってきます。元気で健康になるのも、弱気で病気になるのも、自己の改革次第です。自己改革なしには、何も変わりません。

忙しい毎日を生きる現代人は、必要以上にムダにエネルギーを消耗しているように見受けられます。そして、エネルギーを消耗する方法はよく知っているけれど、エネルギーをチャージする方法を知らない方が、あまりにも多いと思います。

世の中、自分の思い通りにならないということは誰でも承知していることでしょう。自分の気に障るようなことがあってもムダにぶつかり合うことなく、軽く受け流したり、サッと身をかわすような術も身につけなくてはなりません。

そしてこのような身の処し方が、ひいては患者自身の心と魂の精進・修行に繋がっていくのです。

私の治療を通じて、ひとりでも多くの方に明るい生活と人生を送るアドバイスができればと念願しています。

第4章

より良い生き方を知るために

治療の一環として、私は「前世療法」と「予知療法」を行っています。

これは占いのような、興味本位な気持ちの人には絶対に行いません。

神様と私の治療を信じ、心が成長してきた患者さんのみ対象です。

前世療法とは

治療の一環、あるいは延長として、患者さんの前世における性別や性格、職業、何歳で結婚して子どもがいたのか、何歳まで生きて何が原因で亡くなり、どんな悔いが残ったのか、あるいは幸せだったのか、そしてどのような目的で今生界に生まれ変わったのかを知り、これからの人生の指針に役立てていただいています。

また、治りにくい病気を患っていたり、家族に問題があったり、事業がうまくいかなかったり、運気が下がって低迷期に入っている場合などは、それがどのような原因なのか検証します。

それらが邪気によるものであればご縁のある守護神を導き出し、運気を高めるため、ご希望により富士山のパワー護符、邪気除けの富士の大日様・薬師様・大龍神様のパワー念珠をお造りし、開眼しています。そして解決の糸口をお教えしています。

パワー護符は東または南に向けて祀ってください。少し高いところのほうがホコリがつきにくいので、棚でもタンスの上でも構いません。

そして護符に向かって左側にお酒（焼酎）、右側に水を小さな器に入れてお捧げし、毎朝新しいものに替えます。

そして週に一度、護符をきれいにします。お酒（安価な焼酎で構いません）を霧吹きで吹き付け、ホコリを拭き取ってください。文字が多少にじんでも構いません。それよりも護符をいつもきれいな状態にすることです。護符にホコリが溜まって汚れると、たちまちパワーを失ってしまうからです。

パワー念珠は、毎朝霧吹きでお酒を吹いて、パワー護符に祀られた神様に「今日も一日、よろしくお願いいたします」とお祈りしてから手首に付けます。そして一日が終わって念珠をはずすときは、「今日も一日ありがとうございました」

と感謝のお祈りをします。

一日の始まりと終わりに、神様に手を合わせることを忘れないでください。

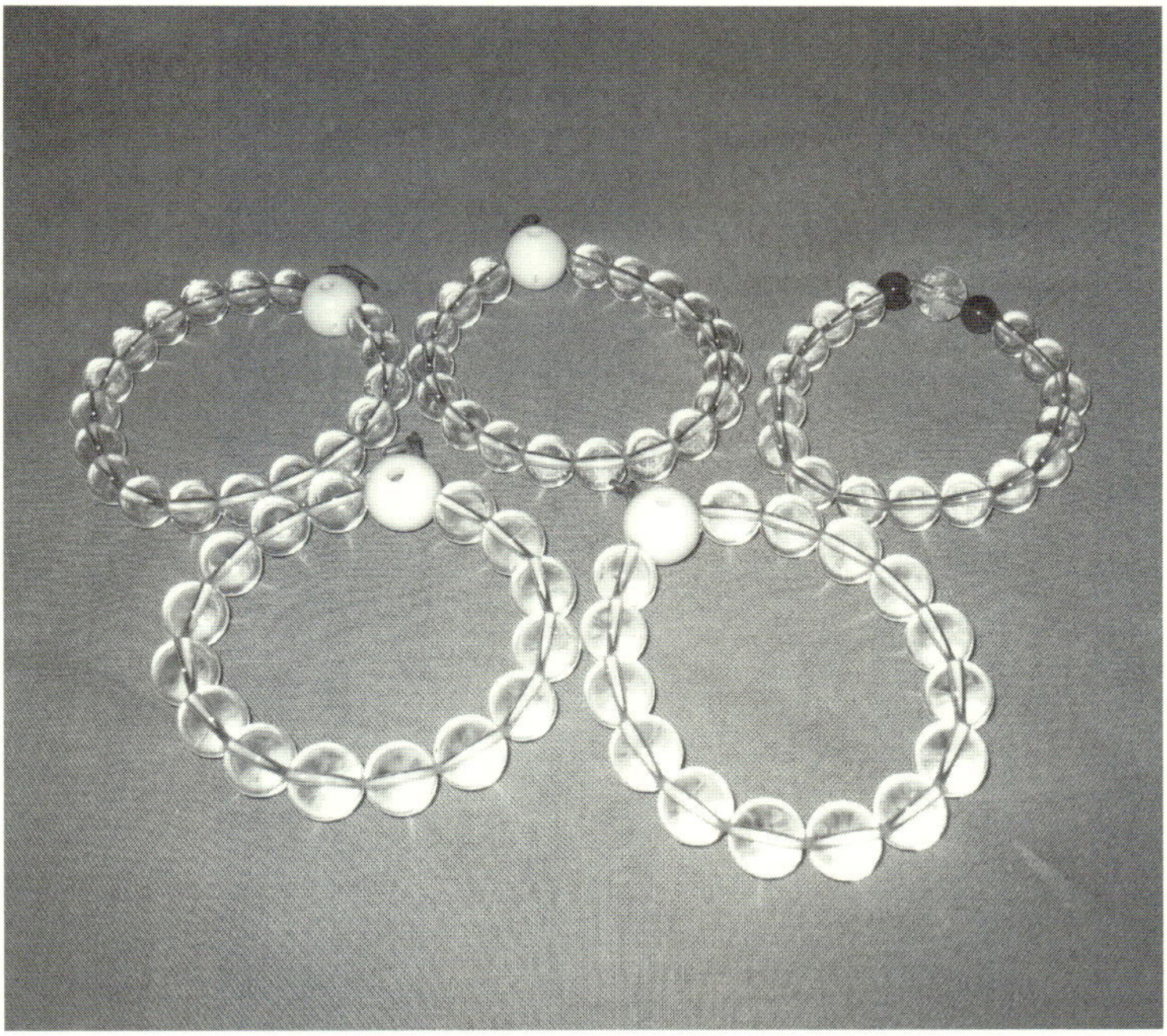

前世療法でわかるさまざまな事柄

これは病気とは言えないかもしれませんが、患者さんの中に生まれつき高所恐怖症だという方がいらっしゃいました。高いところは一切ダメで、その代わり狭いところだと気持ちが落ちつくということでした。

その方の前世を遡ってみると3代前はアフリカの人で、コブラの神様とミーアキャットの神様が守護していることが分かりました。

ただ、今生界に生まれ変わってからの守護神はは龍神様なので、空や高いところへの憧れが強いのです。ですから飛行機に乗ったり高いところに登ったりしたいという欲求が強いにも関わらず、どうしても高いところは怖いという相反する気持ちがあることから、

「これは何かあるはずだ」

と私の前世療法を望まれたのでした。

そこで患者さんの前世を遡り、3代前のアフリカの方のことを調べたところ、

ある日、部族の仲間が、その日の食糧にしようと生け捕りにしてきたコブラとミーアキャットを見て可哀想になり、

「ほかに食糧を持っている。可哀想だから逃がしてあげてくれ」

と言って命を救ってあげたところ、それぞれの神様がそのお礼にと守護してくれるようになったのでした。

その3代後の今生界の患者さんにも相変わらずコブラの神様とミーアキャットの神様が守護しているのが、高所恐怖症の原因だということがわかりました。ちなみに3代前の守護神がついてくださることは、大変珍しいことです。

患者さんが高所恐怖症なのは、守護神であるコブラもミーアキャットも地面に穴を掘って生活する習性があるからです。

高所恐怖症の原因が守護神にあることがわかったので、私は薬師様にお願いして高所恐怖症克服の「薬」を調合・服用させていただきました。その結果、高所恐怖症が解消したのは言うまでもありません。

もちろんこれは、今生界においてこの患者さんがさらなる徳を積んでいってもらいたいという、神様のご意志と期待が込められています。

◆

前世療法によって、前世で患った病が完治しないまま、現世に生まれ変わったことが判明したケースもあります。

本人は心臓が痛くて調子が悪いのですが、いくら検査しても原因が分からないという患者さんがいらっしゃいました。まあ、私の治療院を訪れる方の多くはそういった悩みを抱えていらっしゃるのですが。

その患者さんの前世は、心臓病で亡くなった看護師さんでした。この前世の因果を引きずったまま、今生界に生まれ変わったのが原因でした。

患者さんは不意に心臓が痛くなったり、たびたび心臓を刺される悪夢にさいなまれていたので、ご自身も、

「きっと私の前世は、心臓を患って亡くなった方なのだろう」

と感じていたのだそうです。

この方は、邪気を浄化しているにもかかわらず股関節が引っかかって定位置に収まりませんでした。それだけ因果が深いということであり、こういうケースは

なかなか治りにくいのです。

そこで因果をはずして治療を続ける一方、同時に患者さん自身は善行を心がけ、神様に手を合わせるなど、徳を積んで行かなければいけないとアドバイスしています。よほど精進しなければ完治には至りません。

前世の因果を引きずっているのは、前世の精算を終えぬまま今生界にきてしまったからです。前世で行った良いことと悪いことを天秤にかけてみて、悪いことのほうがまだ重いということです。

いままでこのような方が3人いらっしゃいましたが、いまだに通院しているのはひとりだけです。せっかく原因も治る手だてもわかったのに来なくなってしまいました。思えばこれも前世の因果によるものなのでしょう。返す返すも残念なことです。

つまりは神様を信じる心を持ち、自分が置かれた立場を受け容れて、それを克服するよう意識改革しなければ、治るものも治らないということです。

前世は自分では選ぶことはできないとはいうものの、結局のところ生まれ変わる回数が少なく、しかもまだまだ心と魂の修行が足りていない。だから因果を引きずって生まれ変わってしまうということです。

だからこそ、今生界に生まれ変わった人が修行を積んで前世から受け継いだ因果を解消し、次の代にバトンを渡さなければならないのです。

何度も繰り返すようですが、神様の力と自分の努力・修行のふたつがあって初めて、病を克服できるのですし、ひいては魂の修行にもなるのだということをしっかり自覚していただきたいものです。

前世療法の具体例

最近行った前世療法で、非常に珍しい例がありましたのでご紹介しましょう。

それは前世から現世へ生まれ変わるまで、7年もかかったということ自体が珍しいのです。通常、現世に再生するまでの期間は2~3年で、いままで7年もかかったというケースは初めてでした。

再生するのに7年もかかったということは、魂を切り刻まれて魔界に落ち、何らかの理由があって、わざわざそれだけの時間をかけて魂が浄化されて再生されたとしか考えられません。その経緯を富士大龍神様からうかがって、なるほどと納得しました。

それはこんな事情でした。

この患者さんの前世は、イタリア人の男性でした。パン屋さんとレストランを手広く経営して事業的にも成功し、いわゆるお金持ちだったそうです。

患者さん本人は、もちろん日本人です。通常、2～3代にわたって日本人に生まれ変わり、その後外国の方に生まれ変わるというケースがあるので、ちょうどその端境期の生まれ変わりだったのでしょう。

さて、前世のイタリア人は生涯独身（単に女性との良縁に恵まれなかっただけだそうです）でしたが、たくさんの従業員を切り盛りして人望も厚く多くの人びとに慕われ、おかげでお店も繁盛して非常に幸福な人生を送りました。そんな方だったので、もちろん性格的な欠点もありませんでした。

72歳のとき全身にガンが転移して亡くなりましたが、本人は自分の人生には何の悔いもなく、しかも生涯幸せだったそうです。オーラの色は紫でした。

死因がガンだったのは、信望が厚く友情に厚く、しかも細やかな気配りをする方だったからです。

そういう性格と生き方をしてきた方なので、非常に社交的なうえ、しかもお客様相手のお仕事をしていましたから、それらで関わってきたたくさんの人たちから、たくさんの邪気をもらってしまったのです。

いわば、持って生まれた性格プラス職業病の結果だったということでしょう。亡くなったときは、約100体もの邪気に取り憑かれていました。

100体もの邪気に取り憑かれたため、体はもちろん魂もズタズタに切り刻まれてしまい、その結果、魂は魔界に落ちてしまいました。

ところがその方は、リスの神様のおかげで魂を再生することができたのです。

自然や動物が大好きで、趣味は登山というも根っからのアウトドア派で、山に登っていたときに傷ついたリスを助けてあげたことがありました。その善行をリスの神様が喜び、魔界に落ちた魂を救ってくださったのです。

リスの神様というのは、薬師様の系列の神様なので、リスの神様つまり薬師様が７年もの時間をかけて魂を再生させ、天上界に引き上げてくださり、死後７年で現世に生まれ変わったのでした。


７年もかけて今生界に生まれ変わった目的は、魔界から救って天上界に引き上げてくださった神様に対する感謝の心を次の代に伝えるために、神様のお役に立つこと、そして現世において世のため人のために働くことだったのです。

この患者さんは、実はこの本の制作にも携わっています。このような前世の意志で生まれ変わっていることから、私と知り合い神様のお仕事に関わるよう、自然に采配されていたということです。

このような前世の話をしたところ、彼もアウトドア好きでトレッキングやキャンプを趣味にしているということでした。

もっと興味深かったのは、パスタやピザ、パン類が好物で、主食はパン（とくにピザ）・麺（とくにパスタ）・ご飯（米飯）というランキングで、しかもアンチョビ、オリーブ、ズッキーニといった、およそ普通の人にとっては、

「何でそんなものが好きなの？」

と首を傾げたくなるようなものが好みだと言うのです。彼はごく普通の日本人家庭に生まれ育ったにもかかわらずです。

本人も、

「何でこんなものばかり好きなのかわからないんですよ」

と自分の嗜好に首を傾げていましたが、実はそれは当然です。何せ前世がイタリア人レストランオーナーですからね。

◆

2代・3代前の前世の記憶は希薄になりますが、前世の記憶を受け継いで現世に再生しているのですから、その記憶が濃厚に残っているということなのです。

たとえば友だちと居酒屋さんに行ったとき、みんなお酒のつまみに焼き鳥とかホッケとか注文するのに、彼だけ、

「じゃあ、僕はピザ」

などとオーダーして、

「何でわざわざ居酒屋でピザなんだよ！」

と常々仲間の顰蹙を買っているそうです。

でも、そういうものなのです。

また彼は書籍の編集者で、ライターやデザイナー、カメラマン、印刷業者といったたくさんのスタッフを切り盛りして、一冊の本を作り上げるお仕事をしています。

これも前世のイタリア人レストランオーナーの記憶を、今生界の彼が受け継いでいるのでしょう。職種こそ違え、たくさんの従業員やスタッフを切り盛りして、事業に成功した方だったのですから。

神様からは事前にご縁があることは聞いていたものの、具体的に前世や守護神などは教えていただいていませんでした。彼が浄化・治療を経験し、心身の状態が良くなってから教えようと言う、神様のお考えがあったのだと思います。

このようなお話をしたところ、

「いままでの人生で間違っていたところはありませんか？」

「これからはどんな生き方をしていくべきなのでしょうか？」

と質問されました。そこで私は、

「いままでと同じように生きていけばいいんですよ。前世が徳を積んだ人で、さらに神様のお役に立ちたいという理由で今生界に生まれ変わったのですから。あなたはそれを自覚して、さらに精進することです。

それから、これから降りかかってくる邪気や邪魔をいかに受け流すかということを忘れずに。そして決して無理せず、『人生、細く長く』を心がけることです」

とアドバイスしました。せっかく前世で徳を積み、神様とご縁があるのですから、それらを実践していきなさいということです。


なお、この患者さんには薬師様のパワー護符を作りましたが、梵字はリスの神様と薬師様の梵字を組み合わせたものです。リスの神様の梵字は人間界でこそ知る人はいませんが、天上界ではちゃんと通じるものです。

◆

別の患者さんには、

「理由は分からないけれど、どうしても海外に行きたい気持ちが強くて」

という理由で、航空会社のフライトアテンダント（スチュワーデス）として世界中を飛び回っている女性がいらっしゃいます。

それはそうでしょう。彼女の前世はアメリカ人なのですから。持ち前の語学力と思いやりの心を持って、世界中の方々との交流を生き甲斐にしていらっしゃいます。

このように前世療法は、患者さんが抱えている病気の原因を突き止めることができるばかりではなく、前世からのメッセージ、すなわち、

「何のために生まれてきたのか」

とか、

「なぜこんな仕事をしているのか」

といった疑問まで解き明かすことができるのです。

ただし、何度も申し上げているように、前世療法を受ける「価値」のある患者さんだけを対象に、治療方法の究明や今後生きていくための道しるべとして施療させていただいています。

わざわざ神様にお願いして前世について調べていただくのですから、それに値しない興味本位の占い感覚の方はお断りです。

◆

前世療法による前世のさまざまな事柄と、今生界の自分自身の過去と現在の状況は、いわば点と点の情報です。

しかし心が清まった健康な状態であれば、このふたつの点を線として結ぶことができるようになります。そして今後どう生きていくのか、どのように修行をしていくかを見極めて、それを日々実践していかなければなりません。

言い換えれば、前世はもちろん今生界における昨日までの自分よりも魂のステージを上げていかなければならないのです。だからこそ、興味本位な気持ちではまったく無意味なのです。

前世療法を正しく理解すれば、今後の生きる指針となりますし、自分の人生の本当の目標が見えてきます。そうなれば、つまらないことでいちいちクヨクヨすることなどなくなりますし、自信を持って堂々と生きていくことができるようになるのです。前世療法の目的はここにあります。

魂の浄化ということ

先にも述べましたが、前世の因果を引きずって今生界でも病気に苦しむことを突き止め、前世の魂を浄化して天上界に上げたのち、治療を施すケースがあります。しかし、魂の浄化は、何も人間に限ったことではありません。ときには患者さんの周囲に現れる、亡くなってしまったペットの魂を浄化し、天上界に上げることもあるのです。

時折、患者さんの心身の上体が改善してくると、患者さんが可愛がっていて先立ってしまったペットが現れて、患者さんのそばで寂しそうにしていることがあるのです。そういうペットは、可愛がってくれた患者さんの邪気や持病を引き継いで、先に生命を落とし、魔界に落ちてしまったというケースです。

動物は人間よりも純粋な心を持っていますし、生物としての体力や寿命が少ないので、病気の患者さんよりも先に生命が尽きてしまうのです。ですから、病気を抱えた患者さんのペットは、必ず飼い主である患者さんの邪気や病気をもらってしまいます。

先日も肝硬変が原因で亡くなり魔界に落ちてしまった3匹の猫が、飼い主である患者さんが浄化・治療によって心身の健康を取り戻しつつあるとき、患者さんを慕ってこつ然と現れました。

3匹とも謙虚な猫で、

「もしよろしければ、私たちを天上界に引き上げてくださいませんか？　もちろん、先生がお忙しいことは重々承知のうえでのお願いです」

と私に訴えました。もちろん患者さんには分かりません。

私は喜んで引き上げてあげたところ、猫たちは大変喜んで、

「本当にありがとうございました。これからは夜となく昼となく、飼い主を見守っていきます」

と感激してくれました。

このことを患者さんにお話したところ、涙を流して喜んでくださいました。

◆

これとは逆に、飼い主である患者さんの邪気と病気をもらったことで、体こそ生きているものの魂はすでに死んでいる（魔界に落ちている）状態のペットもいます。食事はして生きてはいるものの、生気がなく本当に肉体だけが今生界に残っているのです。

「私はかろうじて肉体は残っているものの、魂は死んでいるんです…」

寂しそうに私に語りかける姿を忘れることができません。

このように、飼い主から邪気や病気を引き継いでしまい、早死にしたり先に魂が死んでしまうケースが多々あります。それもこれも、人間よりもダメージを受けやすいというのが原因です。

予知療法とは

前世療法と同じく治療の一環、あるいは延長として、患者さんが気になっている項目を決めていただきます。そして近い将来どのような結果を生み出すのか、あるいはどのような危機や危険が起こるのかということを事前に察知し、それを回避する方法や知恵を授けます。

「会社で新規事業を立ち上げる計画があるのですが、うまく軌道に乗るでしょうか」

などと先行きを心配している会社経営者、

「息子が病弱なので、将来が心配です」

とお子さんを気遣う親御さんなどなど、近い将来について具体的な不安や心配を抱く方に対応しています。

先に、うつ病が完治して、

「またバイクに乗りたい」

と張り切っていた男性の予知療法のお話のように、危機や危険を事前に察知してそれを回避するというのも、予知療法ならではのことです。

それでは、予知療法を受けなければ今後安心して生きていけないかというと、決してそんなことはありません。

神様を信じて私の治療や会話を素直に受け容れ、心と体の健康を取り戻して、今生界に持って生まれた本来の自分に戻ることが、最も大切なのです。

そして心と魂のコンディションが整ったとき前世療法を受けて、ご自分の前世や因果、今生界に生まれた理由がわかれば、おのずと将来のビジョンが見えてきますし、多少の不安など気にならなくなります。感謝の心と信念があれば、将来に不安を抱く必要などないということです。

もちろん冒頭の例のように、具体的な近い将来の展望をイメージする必要がある患者さんもいらっしゃいますから、あくまで患者さん個人の環境や立場によって霊視・アドバイスさせていただいています。

第5章

ここが知りたい！大山気功Q＆A

これまでの章はみなさんに対する
私の治療の紹介・解説でしたが、
よくある質問とお答えで総括しましょう。

Q. 気功や整体って痛そうで怖いイメージがあるのですが…

A. 一般的に気功や整体というと、無理な姿勢を取らせて「ゴキッ」と関節を調整したりと、痛くて怖そうなイメージがあるでしょう。しかし、そんなことは一切ありませんのでご安心ください。

いらっしゃった患者さんの症状や痛みの度合いに合わせて治療内容をアレンジしますので、そういった心配は無用です。

むしろ、

「いきなり体が軽くなった」

「心と体のモヤモヤしたものがきれいさっぱりなくなった」

と口を揃えておっしゃいます。

「私の治療を受けるようになったら、治療後は眠くて仕方ない」

ともおっしゃいます。

これは免疫力が落ちて平熱が下がってしまったところで治療を受けた結果、免疫力が上がってきたからです。みなさん平均１℃は体温が上がります。

病気を抱えている人の多くは35℃程度が平熱だと思います。それが１℃上がって免疫力や基礎代謝が活発になるのです。赤ちゃんや幼い子どもが眠るとき、体温が上がるのはみなさんご存知でしょう。まさにその現象そのものなのです。

また、病気でクタクタになった体が休養を求めているのです。それだけ体が疲れているのですから、十分に睡眠を取って疲れ切った体を休ませてあげていただきたいと思います。

ですから私の治療を受けると、体が仕上がるまで（つまり健康な状態に戻るまで）は体が睡眠を要求するのです。

私の治療院を訪れただけでも、リラックスして眠くなるとおっしゃる患者さんもたくさんいらっしゃいます。それもそのはず、私の治療院にはいつもたくさんの神様がいらっしゃるので、それだけでもヒーリング効果があるのです。

ですから痛くも怖くもありませんし、かえって心身がリラックスして居心地のいい空間なのです。

話はちょっと脱線しますが、最近の子どもは体温が低いので、免疫力や基礎代謝に問題があります。バランスよく何でもしっかり食べて、十分睡眠を取り、ストレスの溜まらない環境を提供していかなければならないと思います。

いずれにせよ、神様のお力添えによる私の治療は、自然の摂理に則った副作用のないものですから、安心して治療をお任せください。

気功というとスピリチュアル的な、悪くいえば「怪しい」イメージを抱かれる方もいらっしゃるでしょう。

確かに、

「ハンドパワーだけで万病が治る」

とか、

「私の治療は完璧だから、いま受けている病院の治療や薬の服用は止めなさい」

などと強要する人もいるようです。

しかし私は、「神の領域」と「人の領域」という両輪で治療を行っていますし、必要とあれば病院の治療や薬の服用、外科手術も行うべきだと考えています。

そもそもハンドパワーだけで万病が治るなどと主張する人ほど、そんなパワーはありません。なぜなら、神様たちはそんなことを豪語する人たちを嫌いますから、そんなパワーを授けるわけがありません。

たとえば私の患者さん（国分寺在住）で、急にギックリ腰になって歩行困難になり、やむなく自宅近くの整骨院に数回通院し、徒歩と電車に乗れるようになってから私の治療院（蒲田）で、改めて治療したというケースもあります。

その患者さんは、

「一般の整骨院の治療を受けてから先生に治療していただいても大丈夫でしょうか？　何か体に不都合なことなどありませんか？」

と心配していましたが、そんなことは一切ありません。

なぜなら、私の治療は一般の整体などとはまったく違うアプローチですし、神様のパワーをお借りしているのですから。要するに、一般の接骨院や病院の治療とは、まったく次元が違うということです。

Q. 一般的な気功や整体と比べて料金はお高いのですか?

A. いいえ、むしろ良心的な料金設定だと自負しています。

一般の気功や整体は、一度治療を受けるとその後ずっと通うというケースが多いようです。なぜなら、病気や痛みを根絶することができないからです。

一方私の治療は、個人差はあるものの10回から20回の治療で完治しますから、対費用効果という意味では非常にリーズナブルだと思います。

そのうえ病気や症状の完治に止まらず、患者さんのこれからの生き方やビジョンがはっきり確信できるとともに、そのモチベーションが高まりますから、そういった付加価値も考慮していただきたいと思います。

なお、お悩みの病気や症状が改善しないのであれば、料金はお返しします。とくにこの点は、一般の気功や整体の治療院と一線を画したところであると自負しています。

大げさな話ではなく、私自身神様のお力添えのもとに命がけで邪気と戦っています。だからこそ絶対に完治するという確信を持って治療を行っているのです。神様を信じ、私の治療を信頼するなら必ず病気は治ります。だからこそ、自信を持って料金返却をモットーとしているのです。

ですから私の治療を受ける方は、神様のパワーと私の治療に対して疑問や迷いの心を抱くことなく、全面的に信頼していただきたいのです。

治療内容の詳細は以下の通りです。

・気功教室
・気功治療（５回分のチケットがお得です）
・前世療法（パワー護符とパワー念珠は別料金です）
・予知療法（パワー護符とパワー念珠は別料金です）
・邪気浄化

（除霊。未浄化霊／他人霊・身内霊、土地・家屋、遠隔除霊、遠隔治療があります）

本書はＰＲ本ではありませんから、具体的な料金設定は以下の私の治療院のホームページをご参照ください。併せて私のブログもお読みいただくと、おおよその治療方針や治療内容がおわかりになると思います。

大山気功教室・治療院ホームページ／http://oyama-kikou.com/

大山気功教室・治療院ブログ／http://plaza.rakuten.co.jp/oyamakikou/

Q. 治療は予約制ですか？

A. はい、完全予約制です。私は患者さんの病気や症状に応じて、個別に柔軟できめ細かに治療メニューを考えて施術していきますので、患者さん一人ひとりの治療時間を確保しています。

私の治療方針として、１回の治療のたびに施術者である私自身の浄化を行い、常に清浄なコンディションで患者さんの治療に臨んでいますので（前の患者さんの邪気を次の患者さんに媒介するわけにはいきません）、それ相応に治療準備のための時間を確保しなければなりません。ですから、まずはお電話かメールにてご相談いただき、治療の日時を決めていきたいと思います。

ご相談の際、お名前（フルネーム）・生年月日・現在の症状を教えてください。それだけで病気や症状の原因などがほぼわかりますし、今後の治療方針も定まり、それらをご説明することができます。

なお、興味本位の冷やかしや私の力を試してやろうというのはご遠慮いただきます。最も、そういった意図は私自身がすぐにわかりますのでこちらからお断りします。あらかじめご了承ください。

ご相談をお話していただき、さらに私の治療方針や治療内容をご理解・納得していただいたうえで、具体的な治療メニューを決めていきます。

もちろん緊急を要する場合などは、柔軟に対応しますのでご安心ください。また、私の治療を受けるようになってから、不意にご家族の具合が悪くなったときなども、まずはお電話にてご相談ください。

時間の制約や遠方にお住まいの患者さん、あるいはご高齢で定期的な通院が難しいという患者さんもいらっしゃいますが、そういった場合は遠隔治療や遠隔除霊という方法もありますので、併せてそれらもご相談ください。

Q. 治療を受ける人は判別されているのですか?

A. はい、最初の治療相談の時点で「○」「△」「×」がわかりますし、「△」や「×」の方は神様が治療を拒絶されますので、治療そのものが無意味です。
折に触れてお話しているように、神様と私の治療を全面的に受け容れて心身を委ねてくださる方だけが、神様のパワーの恩恵を受ける資格があるのです。従って治療の料金や私の労力がムダになりますし、何より神様の労力のムダということが一番申し訳ないということです。

話は変わりますが、私の治療内容を知って、

「どこか神がかりのようでちょっと気が引ける」

とか、

「何かの新興宗教と関係があるのでは？」

などといった不安や疑いは一切無用です。私は、何も「大山教」を布教しようなどという野望（？）はありません。

「難病・不治の病と診断されて苦しんでいる方々を救って差し上げたい」

という純粋な気持ちだけで治療を行っています。また、そういった私の意志と活動を神々が認め、それぞれのパワーを貸してくださっているのです。

ですから私は神々のパワーを組み合わせて治療を行っているのであり、私が物欲に走ったり新興宗教のような野望を抱いたりしたときは、神々は私を見捨てて去っていきます。そこで日々の精進と修行を実践し、常に清浄な心と魂を持ち続けなければならないのです。

私が治療相談で「○」「△」「×」を判別しているのはそういったバックボーンがあるからですし、私の治療を受けるからには、それに見合った心構えでこれか

らを生きていただかなければならないというわけです。

Q. 現在の治療法を確立された経緯は?

A. そもそも私は美容師でした。生まれつき霊感が強かったわけではありませんし、事前に魔界の恐ろしさを知っていたら、このような治療などできなかったと思います。修行を積んでいくうちに神様とコンタクトを取れるようになり、私が今生界に生まれ変わった理由と使命を知って、それを真剣に実践しているということです。

美容師として独り立ちできるようになった私は、独立して美容院を切り盛りしていくうちに、次第に経営者としての発想が頭を支配していくことを感じ、「どんな人にもお客様として笑顔で応対するのは、本来の自分の姿ではないのではないか」

「このまま『経営』に没頭していくと、本来の自分自身を見失ってしまうのではないか」

などという疑問を持つうちに、

「人のために役立つのが、自分本来の姿だ！」

という結論に達しました。そして、

「苦しみや痛みから人を救う仕事」

という観点から、美容院を手放して整体を学ぶ決心をしました。

そして朝日気功で基礎を学び、股関節治療の磯谷療法師範を取得し、大山整体院を開設しました。

さて、治療を行うようになった私は、

「どんなに整体の治療を施しても、患者さんの根本的な治療とはいえない」

ということに気づきました。見方を変えれば、ほどほどに症状を改善し、また悪化したら来院していただくという、潜在的なリピーターを開拓していくことになるので、経営的にはそのほうが良いのかもしれません。

しかし私は、病気や症状を根絶することが目的なので、そんな場当たり的でいい加減な仕事をしたいとは思いませんでした。

そして到達したのが、

「神の領域と人の領域というものがある」

ということでした。

その頃、たまたま私の妻が難病を抱えていたこともあり、私の治療に神様のお力添えをいただくことを決心しました。

それからは成田山新勝寺に早朝に日参し、ご本尊である不動明王様にご祈祷を続けました。

そしてある朝、ご祈祷中に涙があふれ、体が宙に浮いたのです。思えば、それが不動明王様からのアプローチだったのです。

成田不動明王様は私の治療にお力添えをしてくださると語りかけてくださり、それを契機に薬師瑠璃如来様や大日如来様、コノハナノサクヤ姫、そして富士大龍神様その他私を日頃お守りくださる素晴らしいパワーをお持ちの神様たちが、次々とコンタクトを取ってくださるようになりました。

また、たまたま富士山に出向いたとき、
「ここは自分の故郷のようだ」
と心が和み、それを実感しました。
のちにわかったことですが、私の守護神は富士大龍神様であり、そのお膝元を訪れたことで、そのような気持ちになったのでした。

こういった神様たちのお力添えを授かるようになった私は、股関節に滞った邪気を取り除いて体の歪みを調整し、病気の根本的治療を確立しました。ようやく現在の治療法となったのです。

禅の癒しと密教のパワーを気功に採り入れた、独自の治療法とイメージしていただくと理解しやすいかと思います。

このような治療法だからこそ、患者さんも無条件に神様を信じ、神様のご助力を求める心構えが必要なのです。私がこの点を強調しているのはこれが根拠なのです。

Q. 先生はどんな精進や修行をしているのですか？

A. 定期的に高尾山（高尾山薬王院有喜寺）の滝に打たれてきます。最近は都内有数のパワースポットとしてさまざまなメディアで紹介されていますから、ご存知の方もいらっしゃるでしょう。

こちらのご本尊は薬師如来様で、飯縄権現様を守護神として奉ったことから、飯縄信仰の霊山であるとともに、修験道の道場として栄えてきました。

ですから私も、滝に打たれることで垢離を落とし、心身の穢れをぬぐい去って清浄にしています。古来からの山岳信仰に由来した「瀧行」と考えていただくと理解しやすいと思います。

私の実感として、やはり心身ともに清浄になります。夏場は涼しくなって気持ちのいいものですが、慣れないうちは厳寒期は非常に辛く感じたものです。しかし滝に打たれた後は生気がみなぎり、全身から熱気を発するようになります。

瀧行でそれを経験するたび、私は心と魂が清まると同時に神様のパワーをいただいていることを実感しています。これが明日の治療へのモチベーションになっていることは確かです。

また、日常生活では雑踏に身を置くことは避けています。もちろん繁華街に繰り出すということもありませんし、交友関係もセーブして、できるだけ邪気や厄と接触する機会を減らすよう心がけています。

これは別段、私が人嫌いということではなく、常に心と魂を清浄な状態にしておかなければ神様のパワーをお借りした治療をすることなどできませんし、心と魂を清らかにしていると邪気や厄、つまらない人の我欲などに敏感になるので、こちらがいたたまれなくなってしまうのです。

汚れたぞうきんで汚れを拭き取ることなどできませんから、私は常にきれいなぞうきん、つまり心身を清浄な状態に保っていなければ、邪気に取り憑かれて病み苦しんでいる患者さんを助ける（邪気という汚れを拭き取る）ことなどできないと、常々考え、それを実践しています。

少し長いお休みが取れるときは、山や渓谷、湖などに家族と一緒にキャンプに出かけることが多いですね。私は修験行者ではありませんから純粋に自然とふれあうことが好きなのですが、やはり神々の息吹を感じられるところに行くようです。

川や滝、湖など、いわゆる水場は龍神様がいらっしゃるものですが、やはり居心地が良いですし、龍神様とご対面することが多くあります。きっとこれは、私の守護神である富士大龍神様のお導きなのでしょう。

いずれにせよ私はアウトドア派なので、自宅はアウトドア用品でいっぱいです。

Q. 先生の服は龍がモチーフなのはなぜですか？

A. これは私の守護神が富士大龍神様だからです。

ときどき龍神様が、たとえば、

「御徒町の○○という洋品店にある白地で黒い龍神柄のTシャツを買ってきなさ

い。そうしたら、それに私が入ってあげるから」

などと知らせてくださるのです。言われるままにそのお店に行くと、

「あ、この商品は店頭のものが最後の在庫です」

などというケースが多いのです。これも神様のお導きというものでしょう。

余談になりますが、そういう洋品店や取り扱う商品は、いわゆる「その筋」の方々の引き合いが多く、お店でもその手の方々と出くわすことがあります。ですから私も、一見「その筋」の人と勘違いされるのではないかとヒヤヒヤしています。こちらはあくまで神様から言われて着ているだけなのですが。自分でいうのも変ですが、以前私は美容師だったくらいですから、本来はそれなりにファッショナブルなんですよ（笑）。

治療の際は作務衣を着ますが、これは純粋に治療しやすい服装だからです。スリムフィットのジーンズなどでは、施術者である私の動作や治療に差し障りがあります。

また、治療の際は白足袋を履きますが、裏にゴムが張ってあるので治療の際に足元の踏ん張りが利くので愛用しています。

このように、日常生活から服装に至るまで、神様中心に行動・選択しているのです。

なお治療に際しては、患者さんはスウェットやTシャツ、ジャージなど、体を動かしやすい着替えをご持参ください。

Q. いつ・どんな方法で神様とコンタクトを取っているのですか?

A. 毎晩1時間程度瞑想して、神様たちといろいろなお話をしています。

その内容は、今日一日の反省であったり神様たちからのアドバイスであったら、新しい患者さんに対する治療内容の打ち合わせだったり、あるいは新たな神様からのアプローチだったりとさまざまです。

それ以外でも、患者さんの遠隔治療や遠隔除霊、日中の治療の最中の症状の確認や治療の依頼・相談、新規の患者さんに取り憑いた邪気の数と種類（未浄化霊・生霊の判別など）、その他さまざまなことを相談したりアドバイスしていただいたりしています。

あるいは相談者の「○」「△」「×」といった判別や、相談者の氏名（フルネーム）・生年月日・主な症状による病気の原因や治療方針なども、すぐに相談・アドバイスといった具合です。

つまり私は、常日頃リアルタイムに神様とコンタクトを取っています。必要とあれば、いつでも神様たちとコンタクトを取ることができます。

だからこそ、的確な治療を施すことができるのです。ハッキリ言って、このようなことができるのは私だけです。

Q. お弟子さんや後継者はいらっしゃるのですか？

A. いいえ、弟子はもちろん後継者もいませんし、そういったことは考えたこともありません。極言すれば、そんなことは不可能です。

なぜなら私の治療は、神様に選ばれた私だけができる、特別なものだからです。つまり一般的な治療ならともかく、神様から選ばれた者だけが、神様のお力添えをいただいて施術できるという特殊なものですから、

「大山先生のもとで修行を積んで、新たに治療を行う」

という類いのものではありません。

ですから私はそんなことは考えたこともありませんし、そもそも神様たちがお認めにならず、お力添えをいただくことなどできないでしょう。

ただし、たとえば私が生まれ変わるとか、神様のご意志のもとに今生界に生まれ変わる人であれば、もしかすると今生界における私と同じような活動をするか

もしれません。しかし、こればかりは私が決めることではありません。

このように、私の治療は非常に特殊であり、免許皆伝や世襲といったことは絶対にありません。

言い換えれば、そんな治療を受けるチャンスがある患者さんは、ご本人の意志に関わらず、神様に選ばれ、神様とご縁がある希少な方々なのです。だからこそ、治療を通じてご自分が今生界に生まれ変わった理由と課題、そして使命をしっかりと自覚して、それを実践していただきたいのです。

これは今生界に生まれ変わったご本人の宿題ですし、それを全うすることで来世にさらなる幸せをバトンタッチすることができるのです。人が生きてきた証とは、そういうことなのではないでしょうか。

Q. 今回、この本を出版された経緯は?

A. もともとメディアに取り上げられるのは避けていましたし、私の治療法を理解できる人は限られているので、本の出版も考えていませんでした。

とくにここ数年は曲解されたスピリチュアルブームが蔓延しているので、なおさらでした。あの類いの霊能力者はまやかしですし、最初は神様がついていても呆れ返って離れていった人ばかりです。

しかしそんな時代だからこそ、神様たちのお導きでこの本を出版することになりました。出版に関わる主な人たちは、みなさん神様から「○」をいただいていますし、そういう人たちが集まったからこそ、ようやく重い腰を上げたというのが本当のところです。

私の患者さんは基本的に紹介された人ですし、その中にも「○」「△」「×」がありますから、ごくごく限られた方々です。本当に命がけで治療を行っているので心身の負担が大きく、1日の患者さんの人数も制限しているくらいです。

そんな私がこの本を出版しようと思ったもうひとつの要因は、時間を経るごとに新しい治療が確立・実証されたことです。

実際、この本の執筆前後に完全結界を会得し、そのウイークポイントだった首から上の「穴」の結界も敷けるようになりました。また、いままで経験したことのない難病の患者さんの治療も、数限りなく経験しています。

こういったことから、いま私の治療を世の中に発表し、それに賛同してくださる方の裾野を広げることが神様のご意志なのだということを実感し、今回初めて執筆・出版する決心をしました。

最近は私の治療院も、うつ病やパニック障害など心療内科的な病気や症状に苦しむ患者さんが、目に見えて増えてきました。

ストレスの多い現代社会であるうえ、長い不況も続いているという世相を反映した傾向なのだと思います。私はそんな方々をひとりでも多く助けることができれば、と念願しています。

ISBN978-4-88469-679-5
C0039 ¥1200E
9784884696795

難病治療
スピリチュアルパワーの奇跡

2010年6月30日　初版発行

著書――大山博久
発行者――瀬戸弥生
発行所――JPS出版局
Eメール：jps@aqua.ocn.ne.jp
FAX：046－376－7195
発売元――太陽出版
〒113－0033
東京都文京区本郷4－1－14
TEL：03－3814－0471
FAX：03－3814－2366